Martiana. Über die Anfänge: Prolegomena zu einer Philosophie der Genesis - Teil 3

Mit dem Titel Martiana wird eine alte Tradition der „Ana"-Literatur belebt – die berühmte „Patiniana/ Naudeana" – benannt nach Guy Patin (1601-1672) und Gabriel Naudé (1600-1653)– herausgegeben von Pierre Bayle, 1703, war eines der frühaufklärerischen Werke, das in ganz Europa sehr aufmerksam gelesen und Teil der dritten, Grossen Aufklärung des 18. Jahrhunderts wurde. In diesem Sinn soll die Martiana - findet sie ihre Leserinnnen und Leser im Umkreis von Philosophie, Geschichte, Technik und Naturwissenschaft - Teil der Vierten Aufklärung des 21. Jahrhunderts werden und ihr helfen, in Gegenwart wie Zukunft, die richtige Richtung zu finden, zu gehen und zu bewahren. Die Themen aus Teil 1 und 2 werden fortgesetzt – u.a. geht es um das erste Buch der Menschheit, geschrieben in Göbekli Tepe, um den homo cannibalis in unserer Frühgeschichte und Zeitgeschichte, um die Genesis Änigma religionsphilosophisch und religiös, um die Ausweitung des Permingationsbegriffs auf das kulturelle Feld, des Begriffs Physisteme, des Begriffs Pionieraufklärung, des Begriffs Kooperationskapitalismus und, nicht zuletzt, der Kritik an Descartes.

Berlin, 05.05.2017 n.Chr. bzw. 05.05.2517 n.A.

"Über die Anfänge" könnte traditionell Gläubige enttäuschen und AtheistInnen zum Glauben anregen, haben beide ihre Positionen liebgewonnen, wird, im Interesse aller, vom Studium dieses Buches abgeraten.

Auch hier steht der Text – weil er als Blog vorbereitet wurde - wieder auf dem „Kopf" – werden jene, die die Lektüre vom „richtigen" Anfang bevorzugen - an das Ende des Buches verwiesen, um den Text von dort nach „vorne" zu studieren. Immer besser, verständlicher sollte dann auch das „normale" Buch-Lesen gehen, bzw. es immer „egaler" werden, in welche Richtung der Text gelesen wird.

Dieser Teil 3 enthält auch Ergänzungen zu Teil 1 und 2 von „Über die Anfänge"– (Personenverzeichnis-Ergänzungen, inhaltlich Korrekturen, etc.)

17.05.2517

Mehr Mitte, bitte! Mehr Mitte 2.0., bitte, bitte!

16.05.2517

Änigmadimensionalität bedeutet auch: du weisst nicht, welchen Einfluss du auf sie hast, aber dass sie auf dich hat. Oder: Du weisst nicht, wer oder was auf dich Einfluss hat, aber dass sie hat (Sie ist das, was sie ist. Es ist das, was Es ist). Ähnlich wie die freudsche Es-Dimension deines Bewusstseins ist sie akommunikativ in deinem Wachbewusstsein, aber anders als die Es-Dimension, allenfalls auch in deinem Sicht- und Hörfeld, im Umraum, präsent. Oder einmal im psychischen Traumfeld, einmal im physischen Realfeld. Klingt das auch wie Gespensterstunde, tatsächlich kommt eine "Phänomenologie der Gespenstererscheinung" der Philosophie der Änigmadimensionalität nahe, wie nahe ist "freie Ermessenssache" - die Palette geht von begeistert zugewandten Esoterikern bis entrüstet abgewandten Erzrationalisten - von unserer Seite werden auf der Mitte 2.0 dieser Skala operierende Philosophinnen und Philosophen bevorzugt.

16.05.2517

Genesianische Religionsphilosophie und post-abrahamische Religionswissenschaft haben redekonstruiert - mehr dazu siehe "Über die Anfänge" Ende von Teil 2 - , dass Abrahamismus und Buddhismus, wahrscheinlich auch Hinduismus, die gleiche Grundstruktur besitzen - dass ihre Göttlichkeitsstruktur und -entität eine gleiche und gemeinsame ist, sie wird hier "Genesis Änigma" genannt.

16.05.2517

Es gibt mit anderen Worten, nicht nach jeder subjektiven Facon - auch wenn nach ihrer, nach seiner jede, jeder selig werden solle - eine objektive Göttlichkeitsstruktur oder -dimension in unserer Genesis. Die änigmatische Dimension unserer Genesis oder Genesis Änigma ist nicht willkürlich - die alte und neue Frage ist: gibt es "Reste", gibt es einen "Freiraum", in dem ich beliebig und frei über mich bestimmen kann: Antwort: ja, den gibt es, aber nicht in dieser Dimension.

16.05.2517

Ähnlich wie physische und physistemische Gesetzmässigkeiten, nivelliert bis konstant, Beliebigkeit und subjektive Abhängigkeit ausschliessen, Subjektivität miteinschliessen, bedingen und ermöglichen - schliesst die änigmatische Dimension reine Willkürlichkeit und Subjektivität - Hirngespinste, Fantasien, den Glauben an den Weihnachtsmann, an die Milka-Kuh oder sonst an irgendeinen freundlichen oder unfreundlichen Gesellen - aus.

16.05.2517

Aus biologistischer Sicht ist die Physisteme genetopoietisch gesteuert und überdeterminiert. Aus genesianischer Sicht ist die Physisteme, sind wir, änigmadimenstional gesteuert und überdeterminiert. Die antike Auffassung, die die Calvinisten in ihrer Variante glauben, dass unser Leben "vorbestimmt" ist, ist nicht völlig falsch, allerdings ist unser Schicksal zu einem Teil auch wirklich und willkürlich unser Schicksal, schliesst das die Obligation, das Erbe des Lebens zu hüten und zu wahren, weiterzugeben und weiterzuheben, nicht aus. Wir sind nicht volldeterminiert wie es ein Stein ist. Die Änigmadimensionalität als Dimension der Wirklichkeit, nicht der Hirngespinste, gehört zu unserer Genesis, einfacher gesprochen, sie gehört zu unserer Natur, mit dieser "Genesisreligiösität" kommt jeder Mensch zur Welt - du bist schon religiös, bevor du weisst, was Religion und Genesis Änigma ist, du lebst nicht nur, bevor du weisst, wer du bist oder was Leben ist.

16.05.2517

Dass wir alle der gleichen Gravitionskraft unterliegen, ist ein unerhörter monophysischer Subordinationszwang. Ich bin dafür, dass wir abstimmen, ob das in Ordnung ist, ob wir das noch weiter akzeptieren wollen. Echt.Jetzt

16.05.2517

Post-abrahamische historisch-kritische Religionswissenschaft kommt zur Einsicht, dass die Uneinigkeit zwischen den Abrahamismen und in den Abrahamismen eins bis drei männschgemacht, nicht gottgemacht ist. Die sicherste Existengrundlage des Abrahamismus besitzt der erste und älteste als judäischer Volksgott, Christentum und Islam sind unsichere Gesellen, wo nebulös, wo allzu männschlich wird, was sie vom ersten Abrahamismus permingieren, kopieren, varriieren, und wo was ebenbürtig akommuniziert ist. Wo Akommunikation Reentry und Fortsetzungsakommunikation des gleichen Gottes ist, dem sich alle drei zuschreiben, einschliesslich ihre internen Divisionen. Das heisst nicht, dass der erste automatisch einen "höheren" Wahrheitsgehalt" besässe, als die zwei Nachfolger, die für sich einen höhern Wahrheitsgehalt als der Vorgänger, der zweite, oder die Vorgänger, der dritte, behaupten. Deswegen stehen sie aus postabrahmischer Perspektive nicht übereinander, sondern nebeneinander als je eigene "Überlegenheitsekstasen".

16.05.2517

Die änigmatische Dimension der Genesis weist Phänomene auf wie Synchronizität, Raum-

/Zeitdelokalisierung, Involution und Akommunikation, die im Alltag wie "science fiction" gesehen, wie "Harry Potter" gelesen, wie Fantasie erträumt, in der Religion als Wunder geglaubt und in der theoretischen Physik als Blockuniversum, Retrokausalität und dergleichen, spekuliert werden. Das ist die spirituelle oder änigmatische Dimension unserer Genesis und unseres Lebens, nichtsdestotrotz gilt seine Aufmerksamkeit und Obligation der Normaldimensionalität dieses Lebens, das in die Schule geht oder nicht gehen kann, weil die Familie zu arm ist, eine Normaldimensionalität unserer Genesis und unseres Lebens, in der gleichzeitig an verschiedenen Orten des Planeten gehungert und überproduziert, verschleudert und bewahrt wird. Wo also für einen kooperativen Gleich- und Versorgungsstand, der jedem und jeder gegeben wird mit dem Leben, noch viele Jahrzehnte und Jahrhunderte politisch zu kämpfen sein wird - jede und jeder ungleich, nicht gleich, eine Motivation in sich entdeckt, ihr Leben zu ändern oder zu konservieren, sich mit Gleichgesinnten kooperativ zu organisieren, um sich selber zu helfen und anderen zu helfen, um anderen zu helfen und sich selber zu helfen.

15.05.2517

Auf Sloterdijks brillanten Aufsatz von 1994 zurückkommen! Wo er "gross" wird, wird er schlecht, der Sloterdijk. Sein Globus-Teil ist schon von der Grundthese schief und halbausgegoren, also muss ständig geflickt und zuviel übersehen werden.

14.05.2517

Was für ein "zornmütiger Gott", was für ein jähzorniger Kriegsgott, Jägerkönig und Menschenjäger, was für eine Drohkulisse, was für ein Angstmacher, der sich noch an der dritten und vierten Generation rächt, ist ihm die erste "feind geworden", was für ein rächendes Monster Jahwe ist oder sein kann - "wie ein Kriegsmann erweckt er den rasenden Zorn", das erklärt er dem Abrahamismus zwei und drei im Abrahamismus eins (siehe zum Beispiel Deuteronium 13,7-12) - allerdings: "...stösst das Feld(...) geschrei (...) aus, gegen seine Feinde erweist er sich als Held" (Buch Jesaija 42,14) - nicht als heimtückischer Fanatiker. Dieser edle Zug von ihm sollte sich auch im Koran finden lassen, sonst operiert er mit einem Gott unter dessen Würde - als ob man bei den Morden an den ersten Kalifen nach dem Tod Mohammeds auch etwas von Gott, nicht nur Mohammeds Testament, vernichtete. Deswegen - weil es fehlt - der Islam, übrigens, bis heute gespalten ist (Als ob ihnen ihr Gott damit sagen will: Wenn ihr mir etwas nehmt, nehm ich euch etwas!).

13.05.2517

Hermeneutik der Intergenesizität.

13.05.2517

Über die Hintertüre führt theoretische Physik, Bereiche der transphysischen, der metaphysischen Ebene der Genesis wieder ein (retrocausality, Blockuniversum, negative Zeit, Zehndimensionalität,etc.), allerdings auf dem Niveau ihres reduzierten hermeneutisch-philosophischen Deutungs- und Operationsvermögens

13.05.2517

Brian Greene - einer der "Spring theory" Gründer - räumte ein, nicht immer zu verstehen, was er macht, dass er die neunte oder zehnte Dimension nicht versteht, aber "macht".

13.05.2517

Der Science-Fiction-Film "Interstellar" (2014) von den Nolan-Brüdern ist eine filmische Übersetzung von zeit-raum-philosophischen Verrücktheiten, die, nebst der Berichterstattung von C.G. Jung, die theoretische Physik liefert - tatsächlich spielt ein theoretischer Physikprofessor (Michael Caine) und seine Assistentin in ihr eine wichtige Übersetzer-Rolle, das Reentry der theoretischen Physik in den Film über eine fiktive theoretische Physik und ihre Realität. Dass Menschen aus der 5.Dimension - Menschen aus unserer Omega-Phase oder Wesen aus der änigmatischen Dimenson unserer Genesis - auch noch ihren Auftritt in der Realität dieser Helden und Heldinnen in der dritten Dimension feiern, in der Liebe das Herzstück ihrer Metaphysik darstellt, ist eine der fantastischen Pirouetten, die dieser Film dreht.

12.05.2517

"Trockene Seele - die klügste und vollkommenste." (Heraklit, B118) "Die eigene Art ist des Menschen Dämon." (B119) "Kinder werfen ihr Spielzeug, da sie Männer werden, fort. (Solches Spielzeug ist auch das menschliche Meinen)." (B70) "Den Menschen allein ist zuteil, sich selbst zu erkennen und verständig zu denken"

(B116, Übers. Bruno Snell). Letztere Meinung, dass nur Menschen sich erkennen und verständig denken können, war auch Meinung von Descartes - heute sieht das die Wissenschaft etwas anders. Als Pionieraufklärer gehört Heraklit das Verdienst, "Erkenne dich selbst" für die ganze Menschheit vorgedacht zu haben, ausserdem redete er von dem einen Gott, zu einer Zeit als dass auch die Judäer taten - beide unter persischer Herrschaft -, vielleicht akommunizierte dieser ihn, jedenfalls pilgerten die Leute zu Heraklit wie zu einem heiligen Eremit, zu einem heiligen Philosophen.

12.05.2517

Das Zeitalter unserer Achsenzeit - 2517 n.A. - und Heraklit. Heraklit soll sein Buch in einem Tempel abgelegt, einem Gott, einer Göttin gewidmet haben. Vermutlich hat er es ihr weniger gegeben als zurückgegeben. Heraklit hat auf seine Weise das Ying und Yang verstanden, viel von der Natur der Natur, der Götter und der Menschen, Thales von Milet und andere wie Anaximander ebenso. Das Zeitalter der philosophischen Achsenzeit nimmt bei ihm, bei ihnen ihren Anfang, es ist auch das Zeitalter der abrahamischen Achsenzeit, in dieser Zeit, in der der Perserkönig Kyros Babylon eroberte (539 v.u.Z.) verschriftlichen Judäer den grössten Teil ihrer religiösen Tradition zu jener , wie wir sie heute als Thora oder Altes Testament kennen, einschliesslich der 10 Gebote.

12.05.2517

Mit Moses oder Josef aus Ägypten....? (vgl. Wildavsky 1993, Assmann, Moses, der Ägpyter 1998, Lenzen, Moses als Erinnerungsgestalt (2012)): Zur Josefs-Novelle meint Lang "entstanden ist die Josefsnovelle aller Wahrscheinlichkeit nach in der jüdischen Diaspora im perserzeitlichen Äypten, also etwas im 5. oder 4. Jahrhundert v. Chr.. Die Züge des Magiers, die die Gestalt des Josefs offenbar in einer älteren, mündlichen Fassung der Erzählung eigneten, verblassen; dafür erhält er eine neue Rolle - die des Diasporahelden." (173). (Literatur: Bernhard Lang, Die Religion der Leviten und ihre Gegner - Alternativen zu einer archaischen Lebenshaltung im Alten Testamet. In: Assmann/Strohm (Hrsg.): Echnaton und Zarathustra. Zur Genese und Dynamik des Monotheismus, München 2012, S. 161-180).

12.05.2517

Heraklit gehört genauso "zur Wende zum Monotheismus" (Assmann), wie Moses und Echnaton.

12.05.2517

"Die eigene Art ist des Menschen Dämon" (Heraklit) - ist selbstreferentiell - "Die Menschnatur ist verflucht" (Paulus) - ist fremdreferentiell - für Heraklitk kann sich der Mensch nicht vom eigenen Dämon befreien, der Dämon gehört zu seiner Natur - für Paulaner schafft er das nur mit Gottes Hilfe, seine Natur ist korrumpiert durch seine Urahnen - historisch jene Epoche der Menschheit, in der der Mensch für seinesgleichen zum gefährlichsten Raubtier wird. Hier wird nicht das fremde

Raubtier, die unwirtliche Natur, sondern die "eigene Art des Menschen Dämon". Aus dieser Epoche sind wir nicht getreten, ausser dass ein Virus, nicht die Kurzschlusshandlung eines Oberbefehlshabers, des Menschen grösster "Dämon" werden könnte. Das Risiko mit der eigenen Art und Politik auskommen zu müssen, ist seitdem nicht kleiner geworden - obwohl wir in Europa schon immerhin 70 Jahre ohne grossen Krieg auskommen - die Kriege und Ausrottungen im Balkan (1995) und die Scharmützel auf dem Maidan, in der Ostukraine und auf der Krim (2014) ausgenommen (sollten nicht noch weitere Grenzkriege um Russland Erwähnung finden (Georgien, etc.).

12.05.2517

War Heraklis Buch Obligation im höchsten Sinn "Wertpapier" (Wertpapyrus)? Es gibt keinen bedeutenden Philosophen von Sokrates bis Hegel, der aus den Resten dieses Wertpapiers nicht Werte der Einsicht und Methode geschöpft hätte. Für Sokrates die daimonische Tiefe der Einsicht, für Hegel der Gründer der Dialektik. Heidegger verflachte und verfrachtete ihn in seinen ideologischen Holismus, permingierte dessen Tiefgang, verkleidete sich in einen Herakliter, machte aus diesem wohl- und hohl klingenden Philosophiekitsch. Deswegen verwundert nicht, dass Heraklit aus lauter Bonmots besteht, von Heidegger keins.

12.05.2517

Adornos Hass auf Heidegger, auch wenn Konkurrenzneid seine Abneigung vertiefen, seine Einsicht schärfen half, stimmt mit Sokrates Verachtung für Sophisten überein.

12.05.2517

Sokrates war Herakliter, Fortsetzer und Star der Griechischen Aufklärung - die Ideologen hassten ihn, nur an Niedertracht und Kleingeistigkeit konnten sie ihn übertreffen. Seine Todesstrafe parierte er mit Gleichmut und Verachtung. Es gab Zeiten in der humanistischen Renaissance, da wurden die Vitas von Sokrates und Jesus austauschbar. Ein Missverständnis.

12.05.2517

Sokrates starb cool (jedenfalls in der nachträglichen Berichterstattung durch Plato), bei Jesus war es ein hysterisches Theater (jedenfalls in der nachträglichen Berichterstattung durch die Paulaner). Wir wissen, mit anderen Worten, nicht wirklich und werden nicht wissen, können nur vermuten, was Sache gewesen ist. Die Ebioniten schienen jedenfalls überrascht, wenn nicht erschrocken gewesen zu sein über die Darstellung und Deutung des Todes ihres Jesus als Christus durch die Paulaner.

12.05.2517

Die katholische Kirche kann ihre Zukunft nicht auf Bedrohung ihrer Kritiker bauen, auch der Islam kann nicht auf Bedrohung all jener bauen, die aus dem Islam austreten oder einen reformierten Islam wollen- das funktioniert nicht lange gut, nicht in der offenen Gesellschaft. Die offene Gesellschaft ist deswegen Hassobjekt Nummer 1 in ihrer Ideologie. Die Leute wollen sich nicht ständig bedrohen lassen, nicht in offenen Gesellschaften, wo jede und jeder ihren Glauben und Nichtglauben selber bestimmen kann und soll - schon Napoleon wusste, mit Bajonetten kann nicht regiert werden, du brauchst die starke Überzeugung und breite Unterstützung für deine Sache, *die dafür die Grundlage liefert*, alles andere funktioniert nicht lange, unterstützen die Leute auf Zeit, d.h. Jahrhunderte und Jahrtausende, nicht. Sie werden innerlich emigrieren, wo der Staat und das Milieu repressiv sind, während andere in offenen Gesellschaften ihre Handlungen und Kritiken offen umsetzen und artikulieren. Dieser Blog hat an erster Stelle Leuten, die traditionell gläubig sind, empfohlen, ihn besser nicht zu lesen. Um nicht ihr "religiöses" Gefühl zu verletzen. Diese Empfehlung wird hier nochmals ausgesprochen, zur Erinnerung an jene, die meinen, "ihren" Papst vor Kritik verteidigen zu müssen, in dem sie einen kleinen Blogger bedrohen. Wenn der Papst schon in kleinen Bloggern eine "Bedrohung" sieht, dann hat diese Kirche offenbar ein Problem, das mit diesem kleinen Blogger eher nichts zu tun hat.

12.05.2517

Nichts gegen den Papst, aber der Papst philosophierte in Aegypten (29.04.2017): Der einzige Extremismus, den sein Gott gutheisse, sei der der Nächstenliebe. Aus seiner Sicht stimmt das, es stimmt aber auch, dass Aufklärung nicht seine Mission ist. Mehr zur paulino-christlichen Nächstenliebe, die sich gerne als "säkulare

Menschenliebe" ausgibt - selbst Christen lassen sich hierin täuschen - , wurde an anderer Stelle gesagt.

12.05.2517

Mensch wird noch hunderte Jahre nach dem Islam sein Grollen, sein Knurren hören. Entsprachen Abrahamismus eins und zwei eher unser Jägerkultur, entsprach Abrahamismus drei mehr unserer Fallenstellerkultur - einem Reentry der Jägerkultur auf höherer und besser angepasster Ebene -, deswegen glaubt er, er sei der listigste der dreien und die beiden anderen sässen in seiner Falle, die ebenfalls, aber nicht nur, durch List gross geworden sind. Auch hier verwundert nicht, dass das - wie die Menschenjagden und Feldschlachten - grosso modo Männerangelegenheiten waren und sind

12.05.2517

Es gibt mehrere Gründe, nicht nur einen, von "Überlegenheitsekstasen" zu reden.

12.05.2517

Das "tiefe" religiöse Gefühl, verwandt oder identisch mit dem Gefühl einer uralten Bezogenheit zur Genesis, zur Schöpfungsgeschichte von uns, zu unseren Ahnen vor tausenden von Jahren? Ist es schwirig für uns, einen "tiefen Bezug" zu "Gott", "Genesis Änigma", "Nirvana", etc. zu haben, weil sie, weil er so fremd ist? Sicher ist nur, sie hat die Fähigkeit, einen Bezug zu uns herzustellen. Dabei gibt sie sich Mühe nicht fremd zu wirken, die Mühe bleibt spürbar. Nie ist sie wie Frau

Schmid von nebenan. Und wir? Wir sollten sie einfach durch unsere Gebete erreichen? Vielleicht ist das vermessen, ist das Aberglaube. Das dauernde Beten ritualisiert, diszipliniert, kontrolliert Einbindung und Unterwerfung unter einen Gott, der ihnen als Lohn für ihre Treue und Folgsamkeit, die grösste Überlegenheitsekstase und ein schönes Jenseits verspricht. Das postabrahamische Pendant dazu ist die genesianische Obligation, Verantwortung und Verpflichtung für uns und die Genesis, der wir das Glück, zu leben, nicht nichts zu sein, verdanken, und in sie, nicht in Nichts, zu sterben. Zum einen der Genesis danken, zum anderen, unseren Ahnen - jenen aus Urafrika und allen folgenden -, die von uns erwarten, dass wir ihr Erbe in Ehren halten und in Würde weitergeben. Weitergeben und weiterheben: aus der frühen in die mittlere, aus der mittleren in die späte Alpha-Phase - um irgendwann in die Omega-Phase der Menschheit einzugehen.

12.05.2517

Über die zwei fundamentalen Ebenen unserer Genesis - die physische und die transphysische, die genesianische und änigma-genesianische - und ihre Verbindungen (Tangenten) und Kreuzungen.

12.05.2517

Genesis-Ontologie - Fundamentalgenesistik, genesizitäre Differenz von Genesis und Genesis Änigma oder anigmatische Dimension unserer Genesis.

12.05.2517

Die Zwei-Genesis-und-Kreuzungstheorie (intergenesizitärer Kontakt): Es gibt eine inner- und um(welt)menschliche Ebene der Genesis (Sonne, Erde, Gattung, Biologie, Chemie, Physik, Soziologie, Ökonomie, Ökologie), mit der wir verbunden sind, und eine ausser- und vormenschliche Ebene der Genesis (Vor-Big-Bang, Metaphysik, Nach-Einstein-Physik, Genesis Änigma), mit der wir verbunden sind. Die Behauptung der Verbundheit ist ungefähr von der Klasse "dass" oder "was" - nicht, "wie" oder "wofür" - sie zu beweisen, ersetzt die Gottesbeweise: es gibt diese und jene Verbindung zu etwas, was wir die Welt der Genesis Änigma nennen.. Es gibt diese Verbindung, mehr wissen wir nicht. Eine bewusste Verbindung mit beiden Ebenen, eine Kreuzung in dieser "genesisontologischen Verbundenheit", in der wir leben und sterben, in der wir uns fortpflanzen, kann sich in der höchsten Bewusstseinsaktivität, also im Schlaf ereignen, im Alltag (Gebet, Meditation?) und in akommunizierter philosophischer Reflexion. Dass sich Personalisierung und Akommunikation durch Schrift, Wort, Licht, Natur als jene Ebene mit unserer Ebene verbindet, dass sie sich gleichsam mit unseren Mitteln uns zuwendet, zum Beispiel von ihrer Seite unsere Schrift "bedient", ist aussergewöhnlich, auch aussergewöhnlich selten - solche "Kreuzungsmomente", in denen sich Akommunikationen und Involutionen ereignen, sind in der Regel Auftakt von Religionsgründungen, lassen die Menschen erregt und ausser sich (ekstasiert) zurück. Die abrahamischen Überlegenheitsekstasen - etwa dort, wo Jesus berichtet, wovon er akommuniziert wurde und Mohammed behauptet, nichts anderes als Akommunikationen zu kommunizieren, und die buddhistische Überlegenheitsekstase, die die eine Ebene, die inner- und umweltmenschliche der Genesis, für die andere, die genesis-änigmatische, für immer ~~zu verlassen~~ zu fliehen strebt.

12.05.2517

Die Genesis Änigma ist Wesen, nicht Lebewesen - im Judentum "sprach" ein brennender Busch und gab "Er sei, was er sei" zur Antwort, es gibt ägyptische Legenden, wo ein Pharao in Träumen - oder war es Tag? - akommuniziert wurde von einem Gott, doch sah er ihn? Im Christentum berichtet Jesus davon, was er "sah" und dass er mit seines "Vaters Reich" kommen werde, nie, wie dieser aussah. Im Islam träumte Mohammed allenfalls von Engeln in Menschengestalt, aber er sah "Gott" nie, er sah Schriftzeichen. Ich sah aufleuchtende Wörter sich in meiner Sprache und Kraxelschrift schreiben, keinen Schreiber, sonst kein schreibendes und leuchtendes Etwas. Ich war im Traum in einer Gegenwart, weit entfernt von meiner, ich sah "Zukunft", aber kein Etwas, das sie mir eröffnete, das bewirkte, dass ich sie sah. Buddah "sah" Licht, wurde illuminiert, erleuchtet, visuell akommuniziert, nicht durch eine Menschengestalt, die er sah. Heraklit soll gesagt haben, hier seien Götter, nicht, dass er sie sähe, was wusste er? Eine Wirk-, eine Wesensmacht ist vorauszusetzen, ist in diesen Präsentationen und Akommunikationen mitpräsent. Aus postabrahamischer Sicht wird dabei der Ball "flach" gehalten, hinterliess diese Wesenheit nie ihre Visitenkarte, genau, wer und was sie ist, wäre vermessen zu behaupten, wir wüssten das, im Frühjudentum wird sie aufgebläht zu einem alle umliegenden Götter übertrumpfenden Gott, die abrahamische Schiene folgte diesem Bluff, dieser Selbstimpression (insofern "Bluff" als es Moses wahrscheinlich nie gegeben hatte, vermutlich aber Akommunikationen bei anderen oder einem anderen jüdischen Propheten). Die buddhistische Schiene hat auf ihre Weise ein Folgsamkeitssyndrom und Identitätsfindungskomplex entwickelt. Zwar kein "Folge mir-Folgst du mir nicht, dann bedrohe ich dich"-Syndrom, doch ein Disziplinierungssyndrom nach "Innen", Identitätsfindung durch radikale Absage von der Welt - hier besteht vielleicht auch eine Ähnlichkeit mit dem Essener Jesus. Frauen spielen hier auffälligerweise kein Rolle. Wie gesagt, es ist zu empfehlen, zunächst eine gewisse Skepsis und Distanz gegenüber diesen Phänomenen zu bewahren. Es ist nicht ausgemacht, ob das jedesmal die gleiche Wesenheit gewesen ist, ob es davon verschiedene oder nur eine gibt. Ob Traumakommunikationen überhaupt an so etwas wie "personalisierte Wesenheit" gebunden sind, die Differenz "verschieden/einheitlich" Sinn macht, weil Vorgänge und Entität jenseits unserer Vorstellung, ob sie nicht mit für uns nur - oder nicht anders als - tangential adaptierbaren Prozessen der Genesis, ihrer änigmatischen Dimension, zu tun haben.

12.05.2517

Genesianische Religiösität wird wahrscheinlich nicht mehrmals täglich gebetet, du lebst sie 24 Stunden am Tag und du trägst und denkst sie über deinen Tod hinaus.

11.05.2517

Von den Steinöfen von Göbekli Tepe (12000 v.u.Z.) zum Backofen um Heraklit (2500 v.u.Z.)...: "...aber als sie sahen, wie er sich in einem Backofen wärmte...davor stehen blieben - da forderte er sie auf, getrost hereinzukommen, denn auch dort seien Götter" (A9). Dieser Backofen war mannsgross, so dass Götter und ein erwachsener Mann Platz in ihm hatten, der andere hereinbeten konnte - die Steinöfen von Göbekli Tepe, wie sie Pfeiler 43 skizzierte, wirkten auch, aber nicht ganz so gross.

11.05.2517

Von Göbekli Tepe nach Assyrien und Aegypten: Wie organisiere ich den Raum der Beachtung auf diesem Steinpfeiler? Wie beschreibe ich ihn? Was lasse ich aus, was setze ich hin? Was ist für mich, für uns bedeutend, was verdient einen grossen Raum, was einen kleinen, was keinen, was einen direkten, was einen indirekten Raum der Beachtung in diesem beschränkten Rahmen - auf diesem Steinpfeiler? Wie dehne ich sein Schriftfeld aus, in dem ich es um das Schriftfeld "Zwischen den Zeilen" erweitere. Wie organisiere ich die Komplexität verständlich, nachvollziehbar? In dem ich die Erzählung in Kapitel unterteile. Wenn ich mich wiederhole und immer mehr zu erzählen habe, immer Komplexer werde, beginne ich die Zeichen zu organisieren, mit fixen, in der Wiederholung gleich bleibenden Bedeutungen auszustatten, wird diese und jene Bedeutung zwischen den Zeilen eine Bedeutung von diesem und jenem Zeichen. (Sonne und Steinofen bedeutet "Mittagessen"), -

um noch mehr Platz zu sparen und zu gewinnen, verdichte und verkürze ich die Zeichen weiter: "Sonne" heisst "Sonne", erweitert um "Tag/Mittag/heiss/hitzig". Halbe Sonne heisst "Nacht/Mond/kalt", "Geier" heisst: "Geier", erweitert um "Tod, sterben, seherisch, göttlich". Die Umgebung der anderen Zeichen wählt, bestimmt die Bedeutung des Zeichens, das Mehr an Zeichen schränkt die Mehrdeutigkeit ein, erzeugt, verkettet die Deutigkeit, schafft das Narrativ, den narrativen Zusammenhang bzw. das vorgenommene Narrativ, der Titel, das Thema schafft die Bedeutung, schafft sich mit der Verbindung der Zeichen. Das Thema eines Künstlers für einen Pfeiler kann sein: Auf diesem Pfeiler stelle ich nur Tiere dar, wie sie mir, uns, hier und heute im Alltag erscheinen, bedeutendere gestalte ich: grösser oder häufiger, bedeutungslosere gestalte ich: kleiner oder weniger. Zeichne ich nicht besser und lieber, was ich beherrsche, schlechter, was ich nicht beherrsche und liebe. Übergrosse Tiere bedeut: "grosse Bedeutung", kleine Tiere: "geringe Bedeutung" - kleiner Skorpion in Übergrösse bedeutet: "grosse Gefährlichkeit, grosse Beachtung, Achtung Gift; Göttlichkeit", Geier in Übergrösse bedeutet: "grosser Geier", "grosse Anzahl Geier" oder "grosse Geier-Göttlichkeit" - wenn nicht grosse Vorliebe des Künstlers für das Meisseln von Geierköpfen... .

11.05.2517

Den ersten Kinofilm der Menschheit drehten die Homosapienten in den Lascaux-Höhlen (30 000 v.u.Z.) - vielleicht andere Homosapiente gleichzeitig in Südafrika.

11.05.2517

Steinzeitlicher Kannibalismus oder Begräbnis-Kult-Stätte? Die Göbekli Tepe Begräbnis- und Opferstätte-Interpretation lässt den Kannibalismus gerne aussen vor. Bei Göbekli-Tepe "stören" dieses Manöver die geschlossenen Öfen - Opfer-Feuer wären eher "offen" und der zerlegte Menschenkörper, Teile von Fleisch neben den Steinöfen. Bei der Interpretation von Herxheim als Begräbnisstätte "vergass" kürzlich eine Journalistin, dass ein französisches Forscherteam durch labortechnische Untersuchungen herausfand, dass die Menschenknochen gekocht wurden - das passt nicht in eine einfache Opfer-Begräbnis-Stätte-Interpretation, ausserdem lagen in Herxheim präparierte Menschenschädel herum als Pott oder Kelch- zum Sammeln und Trinken von Blut? - die an die Inka-Kultur erinnern. In Santa Maria (Spanien) waren die Schnitte in den Menschenknochen auf Nahrungszubereitung angelegt, ausserdem fanden sich Abdrücke von Menschenzähnen auf ihnen. Wir sind gespannt, was in Göbekli Tepe noch alles an den Tag kommt.

11.05.2517

Mittagessen in Göbekli Tepe (Teil 2) oder das erste Buch der Menschheit: Fragen für Zweifler und Verdränger: Wie, wozu, warum, kommen Rumpf- und andere -teile von Menschen in den oberen Teil des Pfeilers 43?. Worauf liegen sie, woran sind sie gekippt, wenn nicht an Steinöfen? Wie kommen in den unteren Teil der Darstellung die Geier und die Knochen? Besteht ein Zusammenhang zwischen ihnen und dem oberen Teil?

Könnten die Knochen, die vor den Schnäbeln der Geier liegen, Extremitätenknochen sein? Zum Beispiel vom Unter- und Oberschenkel dieses Menschenrumpfs? Sollten wir nicht das Naheliegende und Augenfällige an die erste Stelle setzen, das eine mit dem anderen versuchen "zusammenzusetzen", statt vorschnell auf Thesen über Kometen- und Himmelskonstellationen auszuweichen? Diese Darstellungen brauchen keine externe These - sie erzählen eine geschlossene Geschichte, sie berichten ausführlich, wie es zu und her geht. Bleiben wir im "Bild" oder im "Buch", stellen wir Kometen ohne Schweif und andere ausschweifende Thesen zurück. Wohin gingen die Unterschenkel des Menschenrumpfes? Das heisse Fleisch zu den Menschen, die kalten Knochen zu den Geiern? Was geschah zwischen dem oberen und dem unteren Teil der Darstellung in Zeit und Raum -wenn nicht die Speisung? Warum ist die nicht abgebildet? Weil sie ausreichend deutlich "zwischen den Zeilen" steht? Hätten die Geier alles gefressen, dann verstünde sich der obere Teil mit den Steinöfen und den zerlegten Fleischteilen nicht. Nicht alle Geier können Knochen fressen, verdauen, diese schon, einige können sie sogar zertrümmern, tragen sie sie in die Höhe und lassen sie sie auf Felsen fallen. Frage an den archaischen Künstler, an die archaische Künstlerin in uns: Wie würden wir für Menschen in späteren Generationen - vielleicht waren sie sich ihrer Sterblichkeit und der Unsterblichkeit von Gravuren in Stein so intensiv bewusst, einschliesslich eines Blickes auf sich aus posthumer Zeit - unser tägliches Mittagessen darstellen, einschliesslich die anwesenden Tiere, die Geierversammlung, die Füchse und die Insekten, die etwas vom grossen Mittagfressen dieser Menschen abkriegen - wenn nicht mit Sonne, Rumpf und Extremitäten eines geier-götter-kultisch verspiesenen? normal vertilgten? Menschen, mit Fleischteilen auf Steinöfen, darunter übergrosse Geier, lange Knochen, weiter unten Fuchs, Insekten (Skorpion) und ein zweiter Riesengeier. Vielleicht stellt Pfeiler 43 das Fest eines Geier-Menschenopfer-Kultes dar - drei Öfen nebeneinander könnten andeuten, dass gleichzeitig für eine Menge Menschen Mittagessen zubereitet wurde - die einzige warme Mahlzeit am Tag? -, vielleicht zeigt die Darstellung die alltägliche Mittagsszene in dieser Kultstätte (wo die Herrschaft, wohnte? Wer beschaffte die tägliche Ration? Benutzte die Steinöfen?), in der die Geier mehr interessierten, mehr Platz auf dem Pfeiler belegen, als der obere Teil, wobei hier Ornamentik über Dokumentation zu gehen scheint oder eine besondere Bedeutung der Geier in dieser Szene dokumentiert wird. Der obere Teil der Darstellung stellt die Welt der menschlichen Kultur und des Menschrumpfes dar, der Teil darunter die Welt der tierischen Kultur und des Menschenknochens. Der übergrosse Skorpion könnte darauf hinweisen, dass Pfeiler-Darstellungen von Göbekli Tepe zwischen Ornamentik und Dokumentation schillern, bedeutete ein übergrosser Skorpion nicht bloss: Schaut, wie sensationell das ist, wir können das Kleine in eine riesige Dimension an diesen Pfeiler zoomen (dieses "Kleine" besitzt eine riesige Dimension der Gefährlichkeit, die diesen grossen Raum der Beachtung auf dem Pfeiler "verdient"), sondern "Grosse-Anzahl-Insekten-darunter-gefährliche-ist-beim-Mittagessen-mit-von-der-Partie", um so ein narratives Element in der Gesamtkomposition dieser Pfeiler-Darstellung zu bleiben, die als das erste Buch der Menschheit einen

"Rahmen" (Stein), einen Titel ("Das Mittagessen/Die Geier") und eine "Rahmenerzählung" mit zwei Kapiteln über einen oberen menschlichen und einen unteren tierischen Teil, besitzt. Die überdimensionierte Grösse von zwei Geiern könnte bedeuten, dass vor allem zur Mittags(essens)zeit riesige Geier-Populationen, aber auch Füchse, Kojoten, die weggeworfene Innereien frasen, und ein Haufen Insekten sich um die Öfen, Küche und Tische der Menschen versammel(te)n. Ein grosser Geier bedeutete vielleicht "grosse Menge Geier", nicht unbedingt "grosse Kultbedeutung", - wir hätten an Vorformen der ägyptischen Zeichenschrift zu denken - doch ging das eine langsam in das andere über. Geier vom Himmel gehörten zur Speisung wie das Feuer im Ofen, Geier brachten den Segen von weit her zu ihnen.... Geier galten in späteren Kulturen als Gesandte oder Verkörperungen der Götter, die unfehlbar, ja, scheinbar wundersam allwissend und seherisch, auf den Plan traten, sobald Menschen vor Ort Mittagessen zubereiteten oder im offenen Feld starben. Die Geier waren für diese Homosapienten vielleicht mit Kräften ausgestattet, die die von Löwen und Bären überstiegen. Wir sind hier wahrscheinlich in einer Kulturphase, in der längst der Mensch dem Menschen das gefährlichste Raubtier geworden ist, nicht mehr Bären und Löwen, ausgewechselt durch Skorpione und Schlangen, und in der die Kräfte der Geier und der Himmel mehr denn je faszinierten - , nicht nur, dass sie fliegen konnten, anscheinend sahen sie voraus, was die Menschen trieben und wann sie starben, denn dann kamen sie und kreisten im Himmel...- vielleicht sind sie der Prototyp von Engeln, Produkt von vorwissenschaftlichem, mystischem, pantheistischem Denken in Analogien und

Zusammenhängen. Um diese Darstellungen besser zu verstehen, müssen wir besser verstehen, was diese Menschen alles nicht verstanden und ganz auf eigene Weise "sinnig" gemacht, haben. Zunächst das Naheliegende und Augenfällige - aber auch naheliegende und augenfällige richtige kausale Zusammenhänge in Raum und Zeit. Hätten sie nicht planen, richtig logisch kausal und synoptisch in Zeit und Raum denken und handeln können, hätten sie all das nicht aufrichten und darstellen können, auch das berechtigt, den oberen und den unteren Teil des Pfeilers 43 als eine kleine zusammenhängende Geschichte und Darstellung des Mittags ihres Alltags zu interpretieren, ja, als das erste Buch der Menschheit.

11.05.2517

Mittagessen in Göbekli Tepe (Teil 1) oder: Über die Mittagessensszene von Göbekli Tepe in Anwesenheit von göttlichen Geiern und menschlichen Knochen (12 000 v.u.Z.) Weitere Einträge zum frühhistorischen Alltags- und Opfer-Kannibalismus in Herxheim, Santa Maria, Petra und Ägypten (1. u. 2. Dynastie, ca. 3000 v.u.Z.), siehe unten.
Göbekli Tepe fällt in die Zeit des steinzeitlichen Kannibalismus vor Herxheim, Santa Maria, Petra (?) und der Prä-Aegypten-Kultur. Der Pfeiler 43 war kürzlich Interpretationsstreit zwischen dem Archäologenteam vor Ort und Forschern aus Edinburgh, die aus den Gravierungen dieses Pfeilers mit mehreren Geiern, Knochen und einem Rondell im unteren Teil, die Schilderung eines Kometeneinschlags konstruierten. Eine merkwürdig unvollkommene Interpretation. Denn "über"

dem "Komet", im oberen Teil des Pfeilers erkennen wir drei Öfen mit angebauter Bank, darauf liegen menschliche Fleischteile (Phallus? Rumpf, Kopf?) und allenfalls tierische. Hat man diese Körperteile, die direkt neben dem Ofen auf der Bank liegen, in diesen Öfen gebraten, geröstet und ihre Reste, die die Menschen nicht essen, die Knochen, den Geiern überlassen, die beim - feierlichen? täglichen? - Fleischschmaus zur Mittagszeit immer herangeflogen kamen als ob sie die Götter geschickt hätten. Naheliegenderweise, weil nahe zusammenliegend, gehören Ofen, Schlachtbank und Fleisch - u.a. Menschenrumpf - zusammen - und das gleich in dreifacher Ausgabe. Weisen diese auf Ofentischen "fachkundig" zerlegten Menschenteile auf einen frühhistorischen Alltags- oder Kult-Kannibalismus hin? Das wäre jedenfalls möglich. Wurden hier die Fleischteile nicht gekocht wie in Herxheim - das sieht nicht wie Gulaschkessel, eher wie Steinöfen aus - , sondern geröstet, gegoren oder/ und gebraten? (Oder waren das Krematoriums-Öfen, wovon die gröbsten Knochen, die nicht verbrannten, die Geier kriegten? Warum dann Rumpfe? Ausserdem deuten andere prähistorische Funde nicht auf ein Leichenverbrennen hin. Diese Auslegung wäre wahrscheinlich zu anachronistisch gedacht). Sind Göbekli Tepe, Santa Maria (E), Herxheim Orte, die mit den Prä-Inka-Kulten und dem Inka-Kult//oder dem ägyptischen Kult der Menschenopferung (um 3000 v.u.Z.) in Verbindung zu bringen sind, wo Menschen aus benachbarten Stämmen gejagt, geopfert und gegessen wurden. Zuletzt wurde vielleicht "nur" noch ihr Blut getrunken - oder war das Blut der Opfer die Spezialität für die Mönche und das Königshaus, während die groben Fleischteile dem gemeinen Volk überlassen wurden? Vielleicht entwickelte sich in Lateinamerika und Europa der "reine" Kult-Kannibalismus erst mit der zunehmenden Sesshaftigkeit und deren Konsolidierung. Nomadisierende Menschengruppen stellten keine ständige Gefahr mehr dar, das Töten von Menschen durch Menschen wurde wegen des Friedens eine (noch) "heiklere" Angelegenheit ausserdem gab es andere, zivile Gründe, besser Urochsen, statt Menschen zu schlachten. Forscher stellten kürzlich bezüglich dieses prähistorischen Kannibalismus fest (Standard 07.04.2017), dass der Nährwert von Menschenfleisch nicht besonders hoch ist. Menschenbein schmeckte vielleicht nicht so gut wie Rindshüfte. War Menschenfleisch nicht sehr nährhaft, hatte der Kannibalismus vielleicht besondere kultische Bedeutung, war es dafür "sozial" sehr "nahrhaft, um die Macht der Führermacht über Menschen, vielleicht einschliesslich der eigenen Horde, und eine Verbindung mit Göttern? Geiern? zu manifestieren. Dieser Ess- und Macht-Kult stünde "über" dem Mond, über den Geiern, deswegen die Position dieser drei Öfen und Menschenteile "über" dem Vollmond, "über" den Geiern. Geschah das Ganze bei Vollmond? So könnte der volle Kreis interpretiert werden, in der Nacht werden Geier allerdings daran nicht teilgenommen haben können - das Ganze fand eher bei voller Sonne, zur Mittagszeit, zum Mittagessen, statt. Das Rondell symbolisiert die Sonne, die Mittagssonne, keinen Kometen und keinen Mond. Pfeiler 43 könnte also wie folgt gedeutet werden: Geschildert wird ein "normaler" Mittag vor 12 000 Jahren - in dem Göbekli Tepe das Mittagessen zubereitet - und die göttlichen Geier den üblichen Freudentanz darum machen - bald wird es

Knochen, Menschenknochen, für sie geben - abgebildet sind u.a. Extremitätenknochen, vgl. abgebildeter Menschenrumpf, wo Unterbein und Arme bereits abgetrennt. Vielleicht war in Göbekli Tepe der kultische Mittag "normal", im Unterschied zum Umland, wo der "kultische" Mittag nicht (mehr) existierte - wie viele 10 000ende Jahre zuvor - , nur noch der normale, also Büffelfleisch- nicht Menschenfleisch mittags zugerichtet wurde. Ausserdem könnte der Pfeiler andeuten: Was damals Alltag und Kult war, ist heute gruselig und Tabu, deswegen interessierten sich diese Steinmetze vielmehr für die göttlichen Geier oder die Darstellung eines erlegten Büffels (Pfeiler 56) als für die tägliche Mittagszubereitung mit Menschenrumpf, die - kultisch oder alltäglich - "über" Geier und Knochen stand. Vielleicht besonders lecker schmeckte gerösteter Phallus, das erinnert ein wenig an die chinesische Pseudo-Medizin, die auf Tiger-Phalli steht. Die Macht von Menschen über Menschen, dem gefährlichsten der Raubtiere, liess sich mit der über Tiere allerdings weniger gut "verinnerlichen" und äusserlich "symbolisieren". Ihnen das "Fell" abziehen, brachte nichts, brachte keine warme Hülle, sie zu fressen auch nicht viel, rein als Sättigungsbeilage. Versklavung und Verfrohnung waren spätere Formen des Herrschafts- und Ausbeutungsumgangs von Menschen (Männschen) über erbeutete Menschen. Die Menschenjäger begann sich zu zivilisieren, bzw. statt nomadische, sedimentäre Kulturen und Umgangsformen mit dem Umland, mit den Nachbarn, zu entwickeln.
Weitere Ausgrabungen und Deutungen anderer Pfeiler-Darstellungen sind abzuwarten, für eine Verwahrscheinlichung oder Verunwahrscheinlichung

unserer Deutung von Pfeiler 43. Unabhängig davon pflichten wir der Kritik an der Edinburgher-Interpretation durch den Göbekli Tepe Research Staff bei.

PS. Vielleicht findet oder fand man Reste dieser abgebildeten Öfen, die ähnlich wie heutige "dreiteilige" Pizza- oder Backöfen im unteren Steinteil (Ofenfuss) den Brand organisierten, Feuer entfachen und im oberen,überdeckten Teil (Ofendach) das Backen, Braten, Gären, direkt verbunden mit einer steineren Zubereitungsfläche (Ofentisch). Erstaunlich ist ja diese "höhere" Ofentechnik, aber wer solche Steine transportieren und zuhauen, Darstellungen metzen und Gebäude aufrichten kann - kann auch solche Öfen bauen. Den Pizzaofen gibt es seit 14 000 Jahren.

11.05.2517

Vom heiligen Kannibalismus der Frühgeschichte zum heiligen Kannibalismus der katholischen Eucharistie. Wenn in Göbekli Tepe, Herxheim, später in Aegypten (3500 v.u.Z.), an "heiligen" Orten ritualisierter Kannibalismus stattfand, in der die Verspeisung von Menschen die daran teilnehmenden Anführer und ihre Horde am Mana teilnehmen liess, religiös erbaute, übermenschlich machte - ein Vorgang, der vielleicht tabuisiert und allein in "heiligen Zonen" gepflegt wurde, dann ist ein später Ableger davon nicht nur in der Inka-Kultur zu finden, sondern in der "heiligen Zone" der paulino-katholischen Kirche, wo die Gemeinde durch die Einnahme des Fleisches (Brot) und Blutes (Wein) ihres Mensch-Mann gewesenen Gottes an dessen Überhebung und Realität, ja, "realen Verkörperung" teilnimnt, sie auf dieser "heiligen Bühne" performativ schafft (ob symbolisch oder echt, darüber stritten sich Alte Kirche und Reformatoren und diese unter sich). Um mit dem einverleibten Brot und Wein für sich die "reale Kraft und Person" ihres Gottes, Manngottes aus Fleisch und Blut "leibhaftig" zu machen und zu werden. Obwohl dieser Jesus als Christus als Ganzes mit dem Reich seines Gottvaters zurückkehren sollte auf die Erde - wurde seine Rückkehr mit Brot und Wein, übersetzt in Fleisch und Blut, im Kleinen als "Danksagung" (Eucharistie) zelebriert. Ähnlich wie seine "kleine Auferstehung", - eigentlich nicht im Heilsplan vorgesehen -, zum Gründungsereignis des Paulino-Christentums wurde. Es wird in der katholischen Kirche nicht der Feind verspiesen, um sich seiner Kraft und Person einzuverleiben, sondern eine Übermacht einverleibend präsent gemacht, die bei weitem die (s)eines Feindes übersteigt. Im Prinzip feiert dieser frühreligiös selbstsakrifizierende Brauch hier seine Urständ. Es verwundert aber nicht, wir erinnern an die Analyse und den Vergleich von SS-Totenköpfen und paläolithischen Profiteuren von mörderischen kannibalischen Ritualen, dass archaische Bräuche sich bis in unsere Zeit erhalten haben. Dass Kannibalismus in der Frühgeschichte des Homo sapiens in unserer Zeit in der sublimierten Form eines Religionsrituals oder einer Menschenvernichtung in Totenkopf-Uniform, die im Abschlachten fremder Menschen das eigene Mana des Übermenschen steigert, nicht nur in Hollywood, sein reentry und revival hat und hatte. Und dass die verblendete Zeitgenossenschaft brutal erfuhr, auf welcher Oberfläche sie ihre Moderne und Aufklärung, das Bollwerk der Menschenrechte und Solidarität, gebaut hatte. Freuds Formulierung der

"Wiederkehr des Verdrängten" besitzt in der Sache furchtbares Wirkungs-, aber auch läuterndes Aufklärungspotential, es ist immer wieder an uns, das richtige davon zu wählen und zu schaffen, von ihm gelenkt zu werden oder sich selber zu lenken. Es gibt keinen Ausweg aus der Aufkärung, auf welchen Berg Sisyphos auch immer steigt, nur die Rückkehr zu ihr oder in das Chaos. Fallen wir in es, aus ihm werden wir uns, das ist Obligation im Namen aller, die nach uns das Glück haben sollen, sein zu können und aller, die es erlebt hatten, damit wir sein können, wieder und wieder erheben.

10.05.2517

Philosophiewissenschaft ist politisch am ehesten als Mitte 2.0. zu verorten, folgt dem Impuls der Griechischen und aller folgenden Aufklärungen, seit dem Jahr 0 der Zeitrechnung nach der Achsenzeit (n.A. bzw. a.A. after Axialage). Nach ihr leben wir, philosophieren wir in ihrem 26. Jahrhundert.

09.05.2517

Epikur, glaub ich, war es, der als einer der ersten die Lösung und das Losungswort fand, dass, wenn ich etwas Gutes tue, ich es auch anderen tue, für mein Leben und für alles danach. Wenn du anderen hilfst, hilfst du dir selber, wenn du dir hilfst, hilfst du anderen.

08.05.2517

Neue Positive Geschichte: Hitler liess Autobahnen bauen, Mussolini Sumpfgebiete trocken legen. Alles andere ist zu negativ... (Propositivismus).

07.05.2517

Vielleicht überhören wir eine Art "akommunikatives Grundrauschen" aller geborenen, gestorbenen und noch leben und sterben werdenden Menschen. Wer will nicht, dass sie alle glücklich gestorben sind, glücklich tot sind, glücklich leben, glüclich sterben werden. Wer spürt keinen Schmerz/en beim Gedanken, dass sie starben, dass wir sterben. Oder eine Trauer, dass uns Nächste sterben oder gestorben sind. Wir sind ja nicht als empfindungslose Steine zur Welt empfindungsloser Steine gekommen.

07.05.2517

Die meisten Religionen zeigen an, dass uns auch im Tod die Verfügungsmacht über uns benommen ist. Dass dort über einen und eine weiterregiert wird. Oder ein ganz schales Nichts, allenfalls nur ein negatives, auf us warte. Der Wunsch, einfach in Ruhe gelassen zu werden in der Letzten Ruhe, ist insofern nachvollziehbar.

07.05.2517

Letzter Wunsch einer metaphysischen Analphabetin: Bitte lasst mich dann auch wirklich tot sein, nicht von irgendwelchen "höheren" Kräften herumgezerrt! Letzte Ruh ist Ruh! Ein geglückter Toter, eine geglückte Tote sein!

07.05.2517

Letzter Wunsch eines Areligiösen: Ich will nicht Spielball höherer Kräfte sein im Tod - es reicht, dass ich nicht (ganz) umhin komme, es im Leben zu sein. Lasst mir also das letzte Glück, nicht mehr zu sein, als tot zu sein.

07.05.2517

Unsere Wortmagie oder magischer Sprechakt: "Hiermit erkläre ich, an diesen Gott zu glauben, an keinen anderen, täte ich das, bestrafe mich, neuer Gott" - reicht vermutlich nicht weiter als der Schall eines Wortes im Wind - kaum bis zum Verwaltungsapparat - Abteilung Kundenbetreuung und Mitgliedschaft - im Jenseits. Wir wissen es nicht. Wenn es ein akommunikatives Grundrauschen des überirdischen Wesens gibt, nimmt es jederzeit und überall Kommunikationen, Taten wahr, führt es Buchhaltung über jeden in ihrem Glauben Registrierten - so wurde in der Scholastik argumentiert in der Vorstellung eines allhörenden, allsehenden, allwissenden, allerinnernden, allmächtigen Wesens mit der Kapazität eines extraterrestischen Supercomputers. Das, was wir als naturgesetzliche Wirklichkeit denken, füllt die Phänomenalität der Genesis Änigma jedenfalls bei weitem nicht aus. Vielleicht hängt das am Defizit unserer Naturgesetzvorstellungen, vielleicht an der Beschaffenheit und Begrenztheit unserer Vorstellungskraft. Denken wir die Genesis Änigma physisch-metaphysisch, so wäre ihre Beschaffenheit teils ähnlich wie Naturgesetze, teils ähnlich wie unser freie Wille beschaffen - sie wäre uns, wir wären ihr in einem gewissen Ausmass ähnlich- um es in dieser Analogie zu erklären. Da Genesis Änigma sich aus einer anderen Genesis als unserer generiert, hätte die Ähnlichkeit allerdings Grenzen, so wie in der Verbindung, im Einfluss, in der Kontaktaufnahme zwischen ihrer Welt und unserer

07.05.2517

Wir sind sekundäre Spätprodukte der Genesis (unserer und der Genesis Änigma), nicht master of the universe, aber gewiss, so gewiss hier etwas ist, dürfen wir uns einbilden, zu ihren Exzellenzen zu gehören.

07.05.2517

Mit Himmelsphantasien diverser Kulturen (nordischer, ägyptischer, hinduistischer, buddhistischer bis abrahamischer) könnte so etwas wie geglücktes, glückliches Totsein gemeint sein - etwas, was etwas mehr als Totsein ist. Mit Höllen- und Gespensterphantasien so etwas wie ein unglückliches und missglücktes.

07.05.2517

Haben homosapiente Physistemenen einen metaphysischen Draht - buddhistisch: Karma, wobei Karma oft zu selbstreferentiell verstanden wird - oder eine enigmatische Dimensionalität, könnten dieser unterschiedliche Schicksale, Schickungen widerfahren, unterschiedliche oder keine Akommunikations- und Involutionsereignisse. Vielleicht ist die Ereignishaftigkeit

letzterer an Lebendigkeit gebunden, nur als
Lebenderfahrung möglich.

07.05.2517

Vielleicht erleben nur wir jene Seite von Seelen -
beispielsweise in Träumen - die wir als lebende Personen
kannten. Sind Tote gleichsam davon ausgeschlossen und
eingeschlossen. Das heisst: Wilko träumte zwar einen
realen Part seiner verstorbenen Frau, die verstorbene
Frau wird davon allerdings nicht unbedingt etwas
"wissen". Dir bleibt sie als Mensch appräsent, sie sich
als Seele. Sie akommuniziert Wilko dennoch, doch in
Wilkos Träumen kommuniziert sie als seine Frau. Sie
kehrt sich, es kehrt sie einem Raum zu, der von Wesen,
nicht von Lebewesen, zeugt und uns akommunikativ
erreicht. Vielleicht löst es sie in diesem Wesensraum auf,
transformiert es sie, während ihr Körper im Lebensraum
verwest, in späteren Zeiten in Wassser versinkt.

07.05.2517

Der alte Glaube und Brauch, Gedenk-Brauch, dass
Menschen so lange leben, so lange die Nachwelt an sie
denkt, könnte nicht so falsch sein, wie Rationale und
Vernünftige glauben. Dass Seelen sich nach und nach
von uns abkehren, wäre die andere Seite dieser Medaille.

07.05.2517

Kurze Anmerkung zu den Träumen von Wilko Johnson
(Zeit 27.04.2017). Die Wahrscheinlichkeit, dass Wilko J.
diesen Blog liest ist sehr klein, und das ist vielleicht gut

so. Vielleicht auch nicht, hätte es ihn interessiert. Nach ihrem Tod, so referiert der Artikel Wilkos Träume, hat Wilko Johnson von seiner Frau geträumt, er hat mit ihr intensiv dieses und jenes erlebt, ja, "weitergelebt" eine Zeit lang, eine Traumstrecke lang. In einem anderen Traum sah er sich von "aussen" als Leichnam, den er mit einem Freund versenkte ins Wasser. Er hält das für reine Phantasie, so wird es am Ende ausgewiesen, wie der Zeit-Journalist. Von letzterem ist etwas anderes auch nicht zu erwarten, sonst wäre er nicht oder nicht mehr lange Zeit-Journalist. Dass Träume mehr nicht als irgendwelche "inneren Phantasien" sind, das ist herrschende rationale Auffassung. Wahrscheinlich würde ich ihr anhängen. Tatsächlich - ich betone: tatsächlich - ist das bei weitem nicht alles, sind Träume für und von Realitäten zugänglich, die mehr mit nach-newtonscher Physik zu tun haben als mit Hokuspokus. Eigene Erfahrungen und zeitphilosophische Überlegungen halten es für möglich, dass ein realer Teil von Wilkos Frau - Metaphysiker würde es Seelenteil nennen - in seinen Träumen anwesend gewesen war und dass er, auf eine gewisse Art und Weise, seinen realen toten Körper, keinen fiktiven, vorausgesehen hatte - im Träumen erlebt hatte. Selbst wenn das so wäre, er wird das niemandem mehr sagen können. Nur die Nachwelt kann nach seinem Tod seinen realen Tod (Umstände seines Todes) mit seinem geträumten Tod vergleichen. Koinzidenzen würden nicht überraschen. Dass der Leichnam ins Wasser, wie im Traum, nicht in die Erde, versenkt gehört, ist nach genesianischer Überzeugung der tiefere Wunsch und Weg jedes Toten, also auch jedes Toten, den wir träumen. Wasserträume sind dem Leben und dem Tod nahe, vielleicht am nächsten. Diese Überlegungen bewegen sich auf der Schiene von Artemidor bis C.G.Jung, auf einer parapsychologischen und "esoterischen", auf der ich "nichts" zu suchen habe, wüsste ich es nicht besser. Schon der antike Traumdeuter unterschied "normale" von "seherischen" Träumen. Zu Recht. Mögen die, die zweifeln, dies als meine persönliche "spinnerte" Meinung" betrachten. Solche Dinge musst du schon selber erleben, um sie dann allerdings nicht zu glauben, sondern zu wissen. Viele sparen sich den Stress, den sie mit der Umwelt kriegen würden, die per se zweifelt, und selbstzensieren sich im voraus oder ticken ganz aus dem Raster und leben vollesoterisch, suchen sich den passenden Echoraum. Auch hier tendiert wohl die Wahrheit hauptsächlich zu einem Mittelweg.

06.05.2517

Wir redekonstruieren u.a. eine Grundthese aus Hobbes Leviathan (1651) und Marx/Engels Klassenkampftheorem (1848).

06.05.2517

Nach der reinen Jäger-Epoche kam die Jäger-/Fallensteller-Epoche - sie war imstande, Tiere wie Mammuts zu fällen. Weniger Waffen, als Treib- und Fallentechnik war ihre Spezialität, einmal in Fallen getrieben, war gefangene Mammuts töten, ein leichtes Spiel - fast unmöglich und viel zu gefährlich, sie im offenen Feld zu erlegen. Später füllte es ihre Fallgruben wahrscheinlich durch Witterung und Waldwuchs wieder, so dass Archäologen heute kaum Spuren von ihnen finden (man müsste die Umgebung von Fundorten von Mammut-Skeletten genauer nach Fallgruben untersuchen (Es müssten Reste von Fallgruben und Erdhügeln in der Nähe zu finden sein).

06.05.2517

Der Männsch, der dort zu sich kam und dort vorteilhaft lebte, wo er die Waffen nicht gegen seine In-Group, gegen Aussen wendete, vor allem Fallen legen und das Gefallene verteidigen konnte gegen Räubertiere und andere In-Groups. Zur Idee der übergreifenden Pazifizierung der Umgebung und Verteidigungsunion - was '"höherer" Kultur entsprach - durch religiös-kultische Vereinigung, aber auch friedlichen Informations-, Heirats- und Warenaustausch mit Nachbarstämmen, siehe unten.

06.05.2517

Mammutjäger. Die Fallenbauer werden herausgefunden haben, wie tief eine Falle für einen 5 Meter grossen Mammut sein musste (wahrscheinlich nicht tiefer als 2 1/2 Meter) und wie stark die Bande zu den anderen Mammuts waren - bis sie abzogen, wurden sie nicht vertrieben, der gefangene wurde getötet und vor Ort geschlachtet und transportiert. Enormen Vorteil, grösseren Radius des Jagdgebietes und grössere Reserven versprachen die ersten archaischen Verpökelungsverfahren, Konservierungsmethoden des schnell schlecht werdenden Fleisches - vielleicht mit der Entdeckung des Salzes, des Salzgewinns. So dass gesalzenes und getrocknetes Fleisch lange haltbar, grosse

Strecken transportierbar. Sobald Schiffe gebaut und
Fische gefangen werden konnten auf See, war der
Homosapiente im Grunde seetüchtig weniger für
Strecken von Europa bis Nord- und Südamerika, aber
vor 200 000 Jahren in Asien die damals mehr als 100 km
über die Beringsee in 3, 4, 5 Tagen auf den
amerikanischen Kontinent - nach dem archaischen Stirb
oder Überleb-Verfahren des wilden Nomaden, der seit
seiner Auswanderung aus Afrika die Welt zu eroberten,
zu entdecken strebte - es komme, was wolle -, stach auch
noch Christopher Columbus in die See. (Heute geht es in
dieser Weise auf den Mars).

06.05.2517.

Die raffinierteste Falle, als der Mensch den Jäger mehr
und mehr durch den Gräber, durch den Fallenbauer,
ergänzte oder ersetzte. Der 13 Kilogramm schwere
Steinkeil, der auf den Schädel des Mastodons niederrast,
10 Tage gefahrloses Fallen-Graben und -Bauen und
immer wieder auf diese listige Weise einen Mammut
fällen und töten, entsprach der lebensgefährlichen Arbeit
(Ausbeute) von 30 Tagen Speer- und Pfeilbogen-Jagd
von einer grossen Jägertruppe, die den grössten Teil der
Horde nicht mit auf die Jagd nahm. Der Moment der
Wahrheit ist spätestens dann gekommen, wenn du die
Beute aus der Falle gegen Urzeitlöwen ,Höhlenbären,
Hyänen- und Wolfsrudel verteidigen musst- das ist kein
Gegenangriff, das ist Verteidigung - und dabei die ganze
Horde, nicht nur eine versprengte Jägertruppe von deiner
Horde, hinter dir hast. Fallenbauer sind weiter als reine
Jägerkulturen, die selber gejagt werden: sie können das
Gefallene verteidigen - kein Raubtier kann ihnen diese

Beute abjagen, keines sie machen - ausser andere Humanoide. Vor 60 000 Jahren dieses und jenes Grosstier, vor 10 000 Jahren rottete der Fallenbauer-Männsch den Mammut und das Mastodon, den Höhlenbären und den Säbelzahntiger aus - vermutlich die Ferraris und Lamborghinis unter den Trophäen, die die Mut- und Wagreichsten auszeichneten und trugen. Der Männsch wird des Männschen grösster Feind, nicht nur des Mammut und anderer Grosstiere. Irgendwann kommt der Moment, wo die Grösse der Horde nicht mehr durch Jagd allein ernährbar sein wird und kleine Horden nicht mehr sicher genug sind vor grösseren Horden, - Horden, In-Groups von Humanoiden, Homosapienten sich entweder vergrössern oder aussterben oder ausgerottet, versklavt, permingiert werden - ein solches Schicksal erfuhren zB. die Etrusker. Vagabundierende Horden, die nicht proaktiv kooperierten mit anderen, sondern wildernde, räuberische, jägerische Überfälle, Permingationen, Verdrängungen und Vernichtungen anstrebten - aber auch sie sedierten, versesshaften sich irgendwann oder verloren gegen bereits sedierte, versesshaftete ihre Existenzgrundlagen, wurden im Gegenangriff vertrieben, vernichtet und gegenpermingiert. Permingationen und Plagiate bewahren für die Menschheit Dinge von Kulturen, die sie ausgerottet hat. Die Umweltgefährlichkeit, nicht nur der Beutereichtum, bedingt das Mass, den Grenzwert der Grösse einer überlebensfähigen Horde, diese nimmt auf dieses Grössenmass und Gefahrengefälle zusehens Einfluss, wächst sie an Zahl und Gefährlichkeit (Technik) - und mit ihrer Grösse ihre Selbstbedrohung, ihre Selbstdestabilisierung - kommt der Ertrag der Jagd und der Sammlung dem Nahrungs- und Sicherheitsbedarf nicht nach. (Viele Hände sammeln mehr als wenige, viele Jäger jagen mehr als wenige ,intensivieren aber auch die Übernutzung vor Ort und den Übergriff in benachbarte Hordengebiete). Der Zwang zur Sesshaftigkeit (Agrarentwicklung, Züchtung), flankiert von Auswanderung (riskante Entfernung von der Horde, die prospektiv nicht mehr sicher genug, selber zum Risiko geworden ist), war also einer zur höheren Produktivität von Nahrung und Sicherheit gegen den Zerfall und die Gefährdung, nicht zuletzt, Selbstgefährdung, der Gesellschaft.

06.05.2517

Peter Sloterdijk (1994) meint, der Flüchter und Läufer - der zum erfolgreichen Gegenangriff übergeht, als Angreifer insinuiert er starke Raubtiere - brachte unsere Hominisation voran. Wir vermuten, der Mensch begann dann Homo sapiens zu werden als er das Raubtier nicht so sehr im Gegenangriff und auf der Flucht, als auf der Jagd und durch die Falle bezwang... - der Listreiche liess es wahrscheinlich nur selten zur offenen Feldschlacht mit diesen Urviechern kommen - ...und für sich selber zum gefährlichsten Raubtier wurde. In dem Moment wurde er auch sesshaft.Erst der sesshafte Mensch, der den nomadischen, wildernden, jagenden Menschen sich vom Leibe zu halten, zu zivilisieren, allenfalls zu fressen verstand, wurde zum Ahnen von unsereins.
Noch Jahrtausende werden vergehen, bis das pauschale "Du sollst nicht (Menschen) töten" fruchtet, der Anfang dahin setzte sich, versesshaftete sich, in Gang (das erste Tötungstabu der Urhorde könnte: "Du sollst, du darfst, den Anführer deiner Horde nicht töten" geheissen haben.

Dieser zog sich ein besonders dickes Fell über, schuf sich Respekt in der Horde und bewahrte ihn durch Übermenschen-/Überhöhungs-Kult, der der Horde imponierte einschliesslich der Akzeptanz seiner generativen Übertragung (Wer wird Nachfolger des grossen Führers? Wie lässt sich der für die ganze Horde gefährliche Nachfolgerstreit verhindern: vermutlich ein Problem während der ganzen Frühzeit. Veradelung, Primogenitur, Abstimmung und Putsch durch eine ausreichend mächtige Gruppe entwickelten sich als Methoden, die es lösten. Mit dem Führerkult wurden alle Maskulinen und Mütter, Söhne des Anführers und Weibchen, Teil des Führermanas und der Führer Teil von ihnen).

Im übrigen ist seine These, dass der Action-Filmer *"zunächst (...) ein Frühgeschichtler"*, sei *"der seine Sonden ins Hominisationsfeld zurückschickt, um sich und uns über den realen Inhalt der vorgeschichtlichen Menschenbildung aufzuklären."* (S. 21) zwar interessant - deswegen lohnt sich, den Aufsatz zu lesen -, stellen allerdings den Aufklärungsauftrag von pentagonesken Action-Filmen in Frage. (Wobei er zu Recht bemerkt: *"Schlägt man die Bücher der Paläontologie auf, so überkommt die meisten Leser ein Unbehagen. Das lustlose Herumstochern der Experten in afrikanischen oder chinesischen Halbaffenknochen ist wohl nicht auf der Höhe der Sache..."* (S.20)) Denn diese bringen vor allem ein Bild des Männschen in bewegende Bilder, wenige von ihnen bemühen sich, - für Phantasieprodukte wäre das auch nicht immer passend -, ihren Phantasie-Film auf der Grundlage des aktuellen Forschungsstands in der Paläontologie zu drehen - James Camerons "Avatar" schilderte im Gewand des sciencefictionalen

Action-Clashs zwischen einer natur-räuberischen und natur-integrierten Zivilisation, die zum "Gegenangriff" übergeht, Probleme zwischen kapitalistischer Ausbeutungs- und kooperativer Nachhaltigkeits-Wirtschaft, die uns zu Beginn des 26. Jahrhunderts nach der Achsenzeit, bis auf weiteres beschäftigen werden - ohne die Prätention, auch noch eine actiongeladene Pseudo- oder Parallel-Paläontologie zu drehen.

(Lit..: Fischer/Sloterdijk/Theweleit: Bilder der Gewalt (Verlag der Autoren, Frankfurt a.M. 1994 (Veranstaltung München und SZ "Reden über den Film"). darin Sloterdijks Aufsatz: "Sendboten der Gewalt. Zur Metaphysik des Action-Kinos. Am Beispiel von James Camerons "Terminator 2"(S. 13-32). Dass Sloterdijks Heideggerianismus "In-der-Gewalt-Sein" und sein blinder Maskulinismus, wo er von Mensch redet und Männsch meint, nicht für sonderlich gelungen betrachtet wird, versteht jeder, jede "Über die Anfänge" Kennerin von selbst. Sloterdijk dreht eigentlich bloss einen weiteren Actionfilm - in dem der männliche Sprinter und Speerwerfer die Hauptrolle spielt, ganz nach Heidegger, alles etwas zu eindimensional und holistisch - eben, wie ein "richtiger" Actionfilm - um wissenschaftlich anschlussfähige Aufklärung zu sein).

05.05.2517

Die Maassières verstehen unter Grundgesetz § 1 bis § 145, und blenden § 146 aus. Die Reichsbürger verstehen unter Grundgesetz § 146, und blenden § 1 bis § 145 aus.

04.05.2517

Unfröhliche Wissenschaft: die nächsten Einträge sind eher von dieser Sorte.

04.05.2517

Wenn der Nationalsozialismus an die niederen Instinkte appellierte, ist nachzufragen, in welchen historischen Raum dieser Appell ging.

04.05.2517

Nationalsozialismus und Auschwitz fielen nicht einfach vom Himmel, der Boden dafür musste mehrschichtig vorbereitet sein, und, wenn überhaupt von einem, vom paulino-christlichen. Kein anderer Abrahamismus phantasierte sich das Endgericht so lange und so intensiv, in dem Milliarden Menschen herangekarrt und vom Richter in Lämmer und Böcke aussortiert werden. Kein anderer entwickelte das Bild des Juden als Satan, des Satan als Juden - bevor nicht Hitler kam. Und das in jeder zweiten bayrischen und thüringischen Kirche auf dem Lande in den 1930er Jahren, alle Wochen, alle Monate wieder. Hitler sammelte und band diese Stinkblumen - zusammen mit solchen, die die Forschung modernere und moderne nennt - zu einem ganz eigenen Strauss.
(Lit. : zu Bayern, das "schwarz" wählte, nur Hitlers "braune" Judenpolitik unterstützte, s. Richard Evans; Friedländer; zur thüringischen Kirchengruppe, die in Hitler den Messias zelebrierte: Raimund Baumgärtner, Weltanschauungskampf im dritten Reich. Die Auseinandersetzung der Kirchen mit Alfred Rosenberg, Diss., Mainz 1977; Metz, Kirche nach Auschwitz

(1991), dort u.a. die Aussage von Elie Wiesel, dass in Auschwitz das Christentum, nicht das Judentum, starb. // Jedenfalls kulminierte auch, stand als "Mobilisierungsfaktor" dem Demagogen zur Verfügung, eine 2000 jährige, stressgeladene Geschichte interabrahamischer, antijüdischer christlicher Anklage und Auseinandersetzung, die auf dem Lande christliche Kirchengemeinden im 19. und frühen 20. Jahrhundert fortschrieben - von Thessalonich 1 bis Johannesevangelium, implizit sollte jedes Wunder ihres Messias "dem" Juden weh tun Aus postabrahamischer Sicht lässt sich dieser inter-abrahamische Kampf, zu dem später Abrahamismus 3 hinzustiess, beobachten. Ohne ihn fortschreiben zu wollen und zu müssen)

04.05.2517

Die freudsche Urhorde hat es so nicht gegeben (aber Herrschaftsstabilisierung entstand damals und blieb Problem und Bedürfnis), die Anführermännchen kleideten sich in Löwenfelle oder Bärenpelze und setzten Bärenschädel auf, trugen Ketten aus Reisszähnen von Löwen und Bären - um sich von den Altersgenossen, den eigenen und deren Söhne abzusetzen - um anzudeuten, dass jetzt in sie die Mana der Überlegenheit gefahren ist, die, zum einen, in diesem Fell steckte, und die es, zum anderen, brauchte, um sich selber in ein solches Fell zu stecken. Tatsächlich waren unter diesen Anführern oft jene, die sich den Respekt und die Auszeichnung, die wertvollste Trophäe zu besitzen und auszutragen, verdient hatten - andere, die sie sich angemasst hätten, hätten es schnell und spürbar mit den Mutigsten und dem Unmut der Horde zu tun bekommen - nein, nicht die

Feigsten und Dümmsten, die Stärksten und Erfahrendsten durften den Pelz tragen und den Kult ihrer Macht und der Mana von diesem Raubtier, anführen, vielleicht dabei den Totenschädel des Bären besitzen... (Sie waren für viele Weibchen die attraktivsten und schufen die stolzesten Mütter). Das Jagen und Schlachten von anderen Menschen könnte den Zusammenhalt in der Truppe, nicht nur die Abhebung ihres Anführers über sie, gefestigt, ritualisiert, bestätigt haben. Seit Bären und Löwen ihr Drohpotential immer mehr verloren, begannen die Menschen sich selber mehr zu bedrohen. In die ganze Truppe fuhr die Bären-, die Löwen-, fuhr deren einstige übermenschliche Kraft, symbolisiert in den Fellen und Schädeln und in den Anführern, die sie trugen, die sich damit auszeichneten und ausgezeichnet wurden (respektiert, mehr als akzeptiert, anerkannt, bewundert, aber auch beneidet und konkurriert: Sie brauchten tatsächlich ein "dickeres Fell" als andere). So gewalttätig und drohend könnte sich eine Urform von "Adelsbewusstsein und -kult" entwickelt haben, nach und nach schied sich das Blut der Truppe in rotes und das ihrer Anführer in blaues. Bekanntlich trugen nicht selten Ritter aus "Hohen Häusern" oder ihre Anführer, zu ihrer Rüstung einen Pelz. (Literatur: Vgl. ...)

04.05.2517

Unfröhliche Wissenschaft: Nazis und die Geschichte der niederen Instinke - unserer, nicht nur von Nazis....

04.05.2517

Der traurige Beitrag zur Geschichte der "niederen Instinkte" - das ist unfröhliche Wissenschaft - ergibt, dass dieses "Niedere" vor Jahrtausenden von Jahren wahrscheinlich mal der Inbegriff des Höchsten, Mächtigsten gewesen war. Die Kraft, der Mut, die Überlegenheit, 400 kg schwere Höhlenbären und Riesenlöwen zu erlegen , Mammuts waren auch kein Pappenstiel, übertrug sich auf die Jägerhorde und ihre Anführer, die sich die Trophäe, das Fell, den Schädel dieser Urgewalt aufsetzten - die Übermenschen, die Löwenmenschen - vor 40 000 Jahren v.u.Z. als kleiner Kult- und Kunstgegenstand gefunden - die, die über "normalen" Menschen standen, sie jagten, verschleppten, kannibalisierten .. das war gleichsam der i-Punkt ihrer Macht, die letzte Bestätigung - in jenen Jahrtausenden, wo der Mensch dem Menschen der grösste Feind zu werden beginnt - nicht mehr der Wolf, der Bär, der Löwe..., das schüchterte auch die eigene Horde, nicht nur die Gejagten ein... - die braune Bestie, nicht die blonde, die dieses Männschchen sich in Form eines Bären-Schädels, eines Löwen-Fells zum Kult unter Kleidern, zum Kult um sich selber, machte... Damit wurde auch der Stress bewältigt, die eigen Kraft zelebriert. Doch auch die Inkas mit der Inka-Krone, die Christen mit der Inquisitoren-Robe, die Weissen mit der Ku-Klux-Klan-Maske, die Muslime mit dem Islamisten-Bärtchen, nicht nur die Nazis mit der Totenkopf-Mütze trugen - zusammen mit der Übertragung von "übermenschlicher Kraft"auf sie - mit einer Mana höher Energie, höherer Einbildung, höherer Ekstase - für das grosse Menschentöten eine Art Uniform.

04.05.2517

Der Klassiker über verschiedene Typen von Meuten, Horden, Massen - ist Elias Canetti: "Masse und Macht" (1960) - zum Teil überholt, zum Teil zu ergänzen.

04.05.2517

Vom kannibalischen Übermenschen-Kult des Paläolithikums zu dessen Reentry durch die SS (Totenkopfkult) und zum Judenhass als DNA-Bestandteil des Neuen Testaments: Zusammen gabs, bis zu den Vernichtungs-KZs führend, eine speziell "explosive aggressive" Mischung - und eine grosse Jagdhorde, die, relativ einfach rearchaisierbar gewesen war, auf diese Sprünge in den Niederungen, in den Anfängen, zu bringen war.

04.05.2517

Auch die SS setzte sich einen Totenkopf- einen Schädel- en-miniature .- auf - symbolisierend "Übermensch", um sich durch diese neo-paläolithische, retro-archaische Entfremdung, Verzerrung, Überhebung - auch in der eigenen Gruppe - umso einfacher ans Töten von Menschen anderen Stammes, anderer Rasse, zu machen. Hier ganz die uralte Kult-Tradition des homo cannibalis - in Gestalt des neanderthalis und sapiens, später des Aegypters - auffrischend, bewusst oder unbewusst, der sich mit Bärenschädeln und Löwenmännschen, Bärenfellen und Löwenfellen, diesen verfremdenden höheren Status (über anderer Leben) verlieh - damit war auch für die Gruppe nach innen die Unterscheidung deutlich gegeben: in Uniform (im Löwenfell, mit dem Bärenschädel auf) sind wir Menschenkiller (und -fresser) von Unterworfenen, ohne sind wir "normale" Stammesgenossen unter Gleichen. Werktags in SS-Uniform: KZ-Aufseher - abends in Zivil: Chopin-spielender Familienpapa. Verglichen mit dem paläolithischen Kannibalismus ist der Unterschied mit diesen Totenschädel-Uniformierten der 1930er, 1940ere Jahre minimal- nur war das Fang- und Killgerät, und die Möglichkeit, die Jagdhorde, die diesem Übermenschen-Kult anhing, zu mobilisieren, ungeheuerlich grösser.

04.05.2517

Nichts gegen Sloterdijk! Sondern: Danke für die Erkenntnischance!

04.05.2517

Die Gegenpermingation von Sloterdijks Permingation passt bestens zu dessen These "der Geburt des Menschen aus dem Gegenangriff." (2001). (Er meinte: "Männschen". Aber lassen wir das) . Wir könnten es auch die Geburt der Genesisphilosophie aus dem Gegenangriff nennen. Nicht gegen Sloterdijk. Wohl Ehre, aber soviel dann doch nicht, die gebührt einem transzendenten Anstoss - das war ein Anschub, ein wunderartiges Wahrnehmungsereignis von wahr Ereignetem. Nicht Kommunikationen der Philosophie, Akommunikationen haben sie in Gang gesetzt, haben sich mit "Philosoph" in Szene, als Akommunikation von "Philosophie" in Kommunikation von Philosophie gesetzt. Die Geburt philosophischer Kommunikation aus Akommunikation hat dabei stattgefunden - aber nicht aus "Angriff" und "Gegenangriff" - ausser dass Akommunikationen auch auf eine Art die Betroffenen "angreifen", überraschen, überwältigen, übermannen, überfordern. Letztes am meisten und am wenigsten. Die meisten Akommunikationen geschahen in der Kindheit und Jugend, in Zeiten höchster Elastizität, Wahrnehmungs- und Phantasieoffenheit. Das hat Spielberg mit "ET" begriffen, ein kleiner Junge würde nicht durchdrehen, spräche ihn ein grüner Gnom oder Globi an, der wie ein Papagei mit Händen und Beinen aussieht, bei einem Erwachsenen stünde dessen psychische Gesundheit in Frage. Kinder dürfen, bis Mutters Geduldsfaden reisst, kinddebil sein, geniessen Narrenfreiheit, Erwachsene nur noch während Fasching, beim Träumen und am Samstag Abend.

04.05.2517

Apropos Venusfigurinen. Einen Überblick über den prähistorischen Forschungsstand bietet: Frank Bruno Wild: Aufruhr des Geistes wider die Natur. Eine Phänomenologie archaischen Bewusstseins (April 2017, S. 277; Verlag Dr. Kovac Hamburg, 98.--). Mit Thesen aus "Über die Anfänge" (Februar 2017) korrespondiert Wolfs Venusfigurinen-These, dass diese verdrängt wurde durch maskulinistische Gottheiten (so sagt er das nicht, siehe unten) - in unserem Kulturkreis dominierten am Ende zum Beispiel Zeus, Mars, Zoroasther, Mani, Elohim - so wie die These der "klassischen Sattelzeit" um 500 v. Chr. ("erst mit der dritten Achsenzeit, die sich um 500 v.Chr. im Klassischen Griechenland, Indien und China ereignete" (S. 265) - nach ihr misst dieser Blog die Zeit:

Zur Venusfigurinen-These////Heisst es bei Wolf

"Weibliche Figurinen aus dieser Epoche [frühkeramisches Neolithikum - um 8000 bis 5000 v.u.Z.] scheinen (...) unbewusst (...) an die üppig dargestellten paläolithischen Venusfigurinen zu erinnern, die eine Jahrtausende lange Kontinuität des Venus-Kultes belegen könnten, der in der auslaufenden Jungsteinzeit unter anderen Vorzeichen wieder auflebte, vielleicht letztlich erst mit den aufblühenden Hochreligionen ein Ende fand." (216).

Wolf arbeitet sich am Steinzeitbären-Kult ab, vielleicht gehört der an anderer Stelle gedeutete Löwenmann-Kult dazu - was Wolf nicht einbezieht, soweit ich sehe, ist die nicht zu übersehende Fülle kannibalistischer Funde - vielleicht sollten diese Bären--Menschen und Löwen-Menschen-Kultur mit der Inka-Kultur in Vergleich gezogen und mit den kannibalischen Funden in Beziehung gesetzt werden - waren dieser Übermensch, Überbären, Überlöwen-Kult geeignet, die kannibalische Tötung, Zubereitung und Verspeisung zu sanktionieren - als die "übermenschlichen Menschen", die hier über die Energie anderer Menschen herrschen und sie sich aneignen - in dem Kulturmoment, wo der Mensch des Menschen grösster Feind wurde, nicht mehr Wolf, Bär und Löwe. Der Kult mit dem Bären und Löwen hätte folglich wenig mit dem Bären und Löwen, sondern mit der eigenen Überhöhung, mit dem Überbären und Überlöwen über andere Menschen zu tun. Soviel zur "Homo cannibalis-These" - die "natürlich" jeglicher Salonfähigkeit entbehrt im Moment - herrschende Interpretationen flüchten sich gerne in Thesen über

Schamanismus, Totem. Tabu, Opferrituale und Tiervergeistigung - sie möchtens und machens nicht "handfester", nicht "selbstreferentieller". Im übrigen wirkt Wolfs Figurinen-These, ist sie nicht permingiert worden, ein wenig wie hineingepflanzt, sie wird in seinem Buch nicht wirklich entwickelt.

----------Andere Thematik: Kooperationskapitalismus/Konkurrenzkapitalismus

05//03//.05.2517

Ein kooperativwirtschaftliches Freundschaftsfest ist auch ein Geschäftsessen. Es treffen sich alle am Netzwerkgeschäft Beteiligten zu einem Freundschaftsfest unter Kooperationisten und Kooperationistinnen, sie haben sich beim Kooperationsvertrag darauf geeinigt, wieviel jedem das Geschäft - Gewinn oder Verlust - "gehört" - dabei teilen sie sich auch den Gewinn (oder Verlust) auf. Also bei einem Kaffeehandelsgeschäft - träfen sich Bauer, Sammler, Zwischenhändler, Schiffstransport, Speditionsfirma, Händler, Verkäufer Verkäuferin einmal im Jahr zu einem Freundschaftsfest dieser Netzwerk- Kooperative. Die Vergütung erfolgte in eigener Währung, denken wir an eine kooperativwirtschaftliche Kultur mit eigenem Kooperationsgeld, oder, wenn nicht mindestens partiell, in der Weltwährung, in der das Geschäfts- -bzw. seine Netzwerkbuchhaltung abgewickelt wird.

03.05.2517

Natürlich ist es Unfug, jetzige Start-Ups, die im jetzigen System mitmachen und bestehen wollen, zu verurteilen. Solche Kritik, die sich fundamentlos, um nicht zu sagen, kopflos "links" nennt, hat nichts mit Umstellung auf kooperativwirtschaftliche Kultur und Wirtschaft zu tun, nichts, was produktiv wäre. Zunächst sind die Grundlagen auszubauen, haben sich überzeugte Netzwerker zusammenzusetzen und sich auf Betriebsnetzwerkwirtschaft- und -buchhaltung zu vertragen. Vielleicht auch grosse Genossenschaftsbetriebe zu studieren.

03.05.2517

In Ansätzen gibt es Nachhaltigkeitskultur bei jedem Biobauern - kooperationswirtschaftliche Sustainology ist prinzipiell massentauglich, hat auf Massentauglichkeit abzusehen.

03.05.2517

Wieviel Nomade ist in mir? Wieviel Nesthocker ist im Zugvogel? Vermutlich 50:50. Seit 200 000 Jahren. Seit 2 Millionen Jahren. Seit 2 000 Jahren, seit der letzen Völkerwanderung, haust es Europäer in intensiver Sesshaftigkeit ein - Migrations- und Fluchtwellen nicht ausgeschlossen.

03.05.2517

Wer kann schon mit der Gegenwart zufrieden sein, wenn sie auf zu viel Wahnsinn und zu wenig Vernunft gebaut ist.

03.05.2517

Wenn China seine Ein-Kind-Politik auf eine Zwei-Kind-Politik ausdehnt, und die Kinder zu einer sozialen Eltern-Fürsorge im Alter erzieht, nicht nur die Eltern zu einer Fürsorge ihrer Jungen, ist das sehr nachhaltig und weise gedacht, woran Kooperationswirtschaft sich ein Vorbild nehmen kann, vor allem dort, woe sie diesen Familiarismus nicht kompensiert. Familiarismus kann ohne grossen Aufwand Emotion aufbringen, emotionale Beziehungen nützlich, hilfsbringend, nachhaltig machen - kooperative Energien freisetzen. Eine wichtige soziale Ressource und Kraft. Freundschaft, kooperative Freundschaft ist das tragende emotionale Geflecht im Netzwerk kooperativwirtschaftlicher Kultur.

03.05.2517

Nachhaltigkeitstechnologie und Kooperationswirtschaft sind Komplementär- und Aussteigerprogramme aus dem ungebremsten Konkurrenzkapitalismus. Jeder Bauer weiss, dass Monokulturen im Grunde Unsinn sind, konkurrenzkapitalistisch getriebener Unsinn. Zur Kooperationswirtschaft gehört die Drosselung und Senkung der Weltbevölkerung auf ein erdverträgliches Mass - der Konkurrenzkapitalismus bläht auch die Bevölkerung der Menschheit künstlich auf, weil sie die Ungleichheit von Arm und Reich kontinental zementiert, weils sie ihm die Verwertung und Verschwendung garantiert: arme Bevölkerungen sollen zu ihm tendieren, dann sich "moderater" vermehren (so schaukelt die von ihm produzierte Armut die Bevölkerungsvermehrung und der von ihm produzierte Reichtum, oder dieser ist so teuer, so verschwenderisch, dass erst auf diesem Niveau eine "Drosselung" und "Senkung" einsetzt, wie zeitweise in Deutschland in den 2000er Jahren...er bläht die Bevölkerung der Menschheit auf - so wie er deren Vernichtung durch die Waffenaufrüstung quasi als "reset" potentialiter vorbereitet - zynisch betrachtet. Es braucht kontintentale und globale Betriebe, die sich vernetzen und ihr Netzwerk von Konkurrenz- auf Kooperationskapitalismus umstellen. Dazu ist ein Wandel notwendig in der Mentalität, in der Prospektivität, in der Wirtschaftsauffassung (Netzwerk-Buchhaltung, statt Einzelbetriebsbuchhaltung, Zeit- und Nachhaltigkeitsgewinn-Gewinn-/Verlust-Rechnung, statt nur pekuniäre Gewinn-Verlust-Rechnung, etc), ausserdem förderliche internationale, nationale, gesellschaftliche, gesetztliche, politische Rahmenbedingungen. Ein Kooperationist organisiert sich so, dass er darauf schauen kann, wieviel er nicht arbeiten muss, um angenehm zu leben, und nicht darauf, wieviel er arbeiten muss, um einigermassen zu leben. Nicht darauf, wieviel neue Produkte er hat, sondern wieviel neue Produkte er nicht braucht. Mit der anderen Mentalität gewinnen andere Werte an Wert, bestehende verlieren. Die Kubaner sind möglicherweise kooperationskapitalistisch viel weiter als wir (obwohl sie einem anderen Wirtschaftsprogramm huldigten). Eine kooperationswirtschaftliche Kultur fördert ungehemmten Fortschritt nur noch in wenigen Feldern, etwa in der Medizin, ansonsten fördert sie Nachhaltigkeitstechnologie, sexy ist für sie nicht das neueste, sondern das haltbare, das keiner Erneuerung für lange Zeit bedarf. Wobei auch in der Kooperation ein kooperativer Wettbewerb, zum Beispiel um die

Haltbarkeit, um den Nutzwert von Produkten, das Leben befruchtet.

02.05.2517

Jeder abrahamische Gläubige müsste ganz sicher sein, dass er - nicht die anderen - in den Himmel komme, wenn er sich benimmt - diese feste Überzeugung gehört zum Glaube - der Muslim wird in den Himmel kommen, dort wird ihm der Christus der Christen und ihr Mohammed begegnen - aber vor allem sein Gott und dessen Bäche, dessen Schatten, dessen Musenhaine... So ist Religion auch da, einem das Sterben angenehmer zu machen, die Vorstellung, zu sterben, tot zu sein, nicht allein im Dunkel oder Schrecken zu belassen. Daneben besitzt jeder Abrahamismus eine Art "Arche-Syndrom"- er findet, es müssen alle in ihrer Arche mitfahren - der Rest gehöre über Bord geworfen, zumal abgestraft. In der Politik und den öffentlich-rechtlichen Medien macht sich dieses Zwangssyndrom bemerkbar - es gibt hier nur eins: Kapitalismus - abgefedert als "soziale Marktwirtschaft", und seit die CDU regiert - Abrahamismus Zwei - alltagstauglich transformiert zu einem Seid-nett-zueinander, Ausschöpfen der Energien, bis zum Geht-Nicht-Mehr der Ausnutzung der Erde... andere bauen Arche-Übunten, statt in dieser Sackgasse weiter zu laufen, übernehmen die Verantwortung für den Schlamassel, den diese Archen, die glauben, die Menschheit ins Heil zu führen, anstellen und anstellen werden. Denn diese zeigen damit und werden noch deutlicher zeigen, wie weit ihre "Verantwortung" tatsächlich reichte und wohin sie tatsächlich führte. Allerdings ist es absurd, absurd antisemitisch, wie die

Horst Mahler zu behaupten, "das Judentum" richte die Menschheit zu grunde, nein, wenn überhaupt, dann sind es die Abrahamismen - v.a. 2 und 3 - und Buddhismen, die männlich, allzu männlich ein Gegenprogramm gegen das Leben und Frauen für die Vergötzung des Todes und Jenseits implantierten, kollektiven Wahnsinn sozial organisierten. Deswegen brauchen wir kollektive Therapieprogramme und robuste Alternativen.

02.05.2517

Nachhaltigkeit hat einen revolutionären Sprengstoff, der noch nicht gezündet wurde. Sustainology - die Kombination von -Sustain und Technology - Nachhaltigkeitstechnologie - spezialisiert sich darauf, Dinge mit grosser Halbwertszeit, Dinge, die hunderte Jahre halten mit minimalem Restaurationsaufwand, zu entwickeln. Übunten so bauen, dass sie unkompliziert langfristig errosionsresistent funktionieren sehr einfach zu reparieren, tausende Jahre funktionstüchtig sind. So dass sie bald nichts mehr kosten, sich ihre Kosten längstens gelohnt haben werden. Unverwüstliche robuste Häuser, Beton- und Holzhäuser - und Möbel, gehören dazu. Das selbe gilt für alle Produkte - also das Gegenteil, was heute im Konkurrenzkapitalismus geschieht, nämlich bewusst so bauen, dass die Waren eine kurze Halbwertszeit haben, so dass neue gekauft werden müssen, dass Arbeitskraft und Rohstoffe verschlissen werden. Geschlossene Recyclingprozesse und sustaintechnologisch enwickelte Produkte sind das "ehrgeizige" Ziel von Kooperationswirtschaft organisierten Genossenschaften und Gesellschaften - so dass die kooperationskapitalistische Kultur tatsächlich von Verschwendung auf Nachhaltigkeit - und zwar echte, nicht verbale, umstellt. Dass die Leute auch die Ressource Arbeitskraft und Lebenszeit höchst nachhaltig, nicht verschwenderisch, einsetzen. Besser als für nachhaltigkeitstechnische Produkte, Konsumware, Verbrauchware, geht nicht. Mehr und mehr kaufen und nutzen kooperationswirtschaftliche Betriebe Produkte auf nachhaltigkeitstechnischer Basis von Betrieben, die auf gleicher Basis Produkte kaufen, nutzen (produzieren). Alles in allem konsumieren und verbrauchen die Kooperationisten, diese Kooperationsgenossenschaften, viel weniger, als konkurrenzkapitalistische Betriebe. In Sachen Kooperation und Nachhaltigkeitstechnologie kommt der Konkurrenzkapitalismus immer mehr ins Hintertreffen, hier übertrifft der Kooperationskapitalismus den Konkurrenzkapitalismus immer mehr, in dieser Konkurrenz gewinnt die Kooperation gegen die Konkurrenz, so wie die Nachhaltigkeit gegen die Verschwendung.

02.05.2517

Statt Arche-Syndrom, Archen bauen, Archen beleben.

02.05.2517

Kritik und Lob unseres Adels. Jeder Mensch, der heute lebt, hat mehr als 10 000 Ahnen, aber nur Adlige bilden sich darauf etwas ein, also auf vielleicht 10 oder 20 Generationen von 10 000 oder 100 000 Generationen, die hinter ihnen liegen ....und bei denen die Wahrscheinlichkeit, dass ein besonders erfolgreicher Schlächter zu ihren Ahnengründern gehört, eher höher als niedriger im Vergleich zu den anderen ,ist - de facto also gäbe es nichts zum Einbilden und besonders Stolz-Sein, nichts jedenfalls, worauf nicht auch alle anderen stolz oder noch stolzer sein könnten. Aber vielleicht gewinnt die Toleranz in uns, der wahre Adel, und wir lassen dem "Adel" sein Einbildungsvergnügen, ja, ergötzen uns an ihm sogar, nachsichtig lächelnd.

02.05.2517

Prospektive Beachtung und Orientierung wahrnehmen und schaffen - differenzialisieren - sind und schaffen Grundstrukturen unserer Intelligenz, unseres Bewusstseins als reentrisches Zentralorgan unserer Physisteme. Was mich besorgt, besorgt, wenn ich es beachte. Für die Entsorgung meiner Sorgen brauche ich prospektive Orientierung (eine Lösung).

02.05.2517

Unserem Bewusstssein liegt weder ein Sündensyndrom, oder, das heideggersche Pendant dazu, ein Sorgensyndrom zugrunde. Das sind allenfalls sekundärere Aufplanzungen, Einsedimentierungen.

02.05.2517

Bevor der Mensch an die Kür, seine Freiheit auszuleben, denkt, erfülle er seine Pflicht, seine Sesshaftigkeit zu bewahren, sonst drängt es ihn an die Ränder des Lebens, zu ihr gehört seine in die Physisteme einsedimentierte Physis der Umwelt (Im abrahamischen Kanon: Bewahre die Schöpfung, mit deiner Verantwortung für alle, und mehre dich in ihr glückselig) Also die Mutter und der Vater werden für es sorgen, mit Muttermilch ernähren, Windeln wechseln, herumtragen, herumfahren, später wird es laufen können, sprechen können, wird es davon springen und viel davon abgelegt und einsedimentiert, marginal automatisiert, unter eigene Kontrolle gebracht, haben. Es glaubt allenfalls eine Zeit lang, und kann glauben, und soll glauben, nur die Kür zu leben. Das Leben ist eine dolce vita-Rutschbahn.

02.05.2517

Das Leben : immer wieder mal ein Bällebad.

02.05.2517

Androgenetische, androgenesianische Prozess- & Differenz-Phänomenologie/Physistemologie.

02.05.2517

Ich "erkenne", bevor ich sie erkannt habe, als ob die platonische Idee vom Kopf auf den Fuss, vom Himmel auf die Erde gestellt wurde, die 30 000, die 300 000 Jahre in meiner Umwelt - nomadenhaft-sesshaften Umwelt -, weil "nomadenhaft/sesshaft" die jüngste Grunddifferenzialisierung sozialer Grundlagen und psychischer Grundlagen von uns Homosapienten ausmacht d.h. ich komme als halber Nomade, als halb Sesshafter, nicht bloss als "reiner Säugling" zur Welt - so wie ein Mauersegler als Zugvogel, nicht bloss als Nesthocker zur Welt kommt - und meine Lungen "erkennen" sogar 100 Millionen Jahre und mehr in meiner Umwelt, nämlich Luft, "bevor" sie sie erkannt haben, bevor sie sie atmen. Die Physisteme hat gleichsam ein Abbild der Physik der Umwelt in sich einprogrammiert - die Sonneneinstrahlung (Augen, Wimpern), die Gravitation (Fussohlen, Beine, Muskeln), die Luft (Lungen), Bäume, Steine (Hände) - im Gehirn wird dieses Abbild "reentrisch" konzentriert, im Gesamtorgan der Organe der Physisteme - und in den Genen, im Gesamtprogramm der Programme.///

Eine Unmenge von Informationen, dass es dieses Umweltgas in einer stabilen Verfassung gibt, dass sie dieses, kein anderes Umweltgas antizipieren, - wie Fische das Gas des Wassers - transformieren, chemisch nuten für den Energiehaushalt der Physisteme, für die Versorgung des Blutes der Physisteme, - ist den Genen bereits eingeschrieben.

02.05.2517

Ich entwerfe mich nicht aus einer nomadenhaft-sesshaften Natur in eine leere Welt hinein - existenzialistisch, sondern in eine nomadenhaft-sesshaft gemachte, gewordene Welt, deren reentrische Struktur, Grunddifferenzialität, bereits in mir ist, bevor ich imstande sein werde, mich zu entwerfen. Ähnlich wie das Reentry der Umwelt, der Luft, bereits in mir auf Lungen trifft, *bevor* ich mit dieser Umwelt in Kontakt trete. Es ist in mir ein grosser Teil der Umwel"der Umwelt, dass ich so etwas begehen und bedenken kann wie einen Selbstentwurf, eingeboren, einsedimentiert - alles andere als nomadenhaft, als sehr beweglich. Meine Physisteme ist in die Reentrizität der Physis der Umwelt genetisch sedimentiert, Genpackete in der Form von Samen und Eizellen sind das konzentrierte Reentry davon - sie entwerfen die Deentrizität unserer Existenzen in einem fixierten Rahmen, der in der Gausskurve des Lebens ("von Rändern entfernter Mittelwert") und Entropie des Lebens ("stabiler Energiehaushalt") auf diesem Planeten bedingt (beachtet) und bestimmt (orientiert) wird.

02.05.2517

In der Pupertät wird die Art und Weise und der Anteil von innerer Sesshaftigkeit und Nomadenhaftigkeit nochmals ausgemacht oder bruchlos bestätigt - je nach Einverwachsung der bis dahin in die Nomadenhaftigkeit eingelagerten Sesshaftigkeit durch die Interaktivität mit sich und der Umwelt, der einsedimentierten und auslotbaren Prospektivität. Pupertät befindet darüber, was nimmt der Jugendliche als sesshaft gesetzt, was als nomadenhaft ungesetzt an, wo ist er angepasst, wo bleibt er "wild" - vielleicht muss nochmals ausgetestet werden, kann oder will nicht blind befolgt werden, was bis dahin durch Folgsamkeit und Vorführung der Eltern- und Erwachsenenwelt in das Kind einsedimentiert ("eingesesshaftet") wurde. Möglicherweise setzt sich dabei viel nicht. Wird über die Jugend hinaus der bald junge Erwachsene mehr nomadenhaft, mehr wild als gesetzt, wobei die Vorteile der Sesshaftigkeit von ihm gewollt und gesucht bleiben, sei es als ideologische Heimatstätte, Verein, Aufgabe, Droge, etc.. Politisch wählt er, wählen sie, was ihnen am ehesten Sesshaftigkeit verspricht, der archaische Nomadenzustand, von der Geburt erhalten und verloren: bleibt meistens zweite Wahl.

02.05.2517

Die Arche-Übunte vereint beides, unsere
Nomadenhaftigkeit und unsere Sesshaftigkeit.

02.05.2517

Einer der erfolgreichsten Verwurzelungs- und
Verklärungsdiskurse (Stammbaum, etc.) betreibt der
Adel mit seinen Kindern.

02.05.2517

Mit dem Blick "androgener
Fundamentalphänomenologie" auf uns geblickt, sind
Klassenkämpfe oberflächlichere Phänomene älterer,
tieferer, nachhaltigerer Differenzialisierung und
Reentries - blieb diese Ebene bei Marx/Engels
unterbelichtet. Nomadenhaftigkeit und Sesshaftigkeit
gehört gleichsam zu unserer "Natur", nicht nur "Kultur".
Das Kind kommt als fremder Nomade zur Welt und
gemeindet sich allmählich in seiner sozialen Umwelt
"sesshaft" ein (Jeder internationale Adoptivtransfer ist
deshalb "möglich" und "nicht schädlich" für es und seine
grosse "Implantionalität". Wo es aufwächst, Liebe und
Fürsorge erfährt, Sprache lernt und spricht, wird es
sesshaft. Und wie der dortige Gebrauch: säkular,
buddhistisch oder abrahamisch erziehbar, seine beruhigte
Fügsamkeit vorausgesetzt). Je nach Umständen, war es
daher erwachsenen Eingemeindeten wichtig, dem Kind
möglichst früh und nachhaltig den "Stempel" seiner
sesshaften Umwelt einzuprägen. Ihm den Freiraum zu
benehmen, gar nicht die Möglichkeit zu geben zur

Einsicht zu kommen, dass es ein geborener Nomade, eine geborene Nomadin ist, dass es aus der Umwelt auswandern, in sie nicht einwandern, in ihr, die andere Heimat nennen, nicht sesshaft werden muss. Dass mit jedem Menschen ein Potential von freiem Radikal und nackter Anarchie zur Welt kommt, ist ein enormer Flexibiltäts- und Anpassungsvorteil unserer Spezies. So bleibt sie in Bewegung, und testet die Beharrungs- und Naturalisierungskraft sesshafter Ordnungen aus. So könnte Rousseaus Plädoyer für das Kind und gegen die Gesellschaft in die Aktualität übersetzt werden. Der "Herr" der Gesellschaft ist das Kind.

02.05.2517

Immer - es ist wie ein Automatismus - wenn auch Redaktoren vom Spiegel meinen Account besuchen - ist etwas im Busch. Vermutlich wird "Kannibalismus in der Prähistorie" oder "Unsere Ahnen - die Kannibalen" bald seine nächste Titelstory.... "Vom Kaninchenjäger zum Kannibale" wäre auch ein schöner Titel, wobei, durch die Sesshaftigkeit abgebremst, vom Kannibale zum Kaninchenjäger vermutlich eher dem historischen Gang entspräche. Der neuen, ausdifferenzierteren Form von höherer Pazifizierung und Militarisierung waren ältere Jägergesellschaften auf Dauer nicht gewachsen. Diese Grundausdifferenzierung hat sich durch alle modernisierenden Reentries menschlicher Gesellschaften bis heute durchgehalten. Seit also ca. 10 000 Jahren, zum Teil vielleicht seit 30 000 Jahren leben wir durch sie, lebt sie in unserer weiter ausdifferenzierten Gesellschaft als robuster Grundstabilisator oder -destabilisator mit (die Atomwaffen-Entwicklung irritiert, dekonstruiert

diese Grundausdifferenzierung, solange ihr Einsatz extreme Folgeschäden für alle mit sich bringt) - mal in ausgeprägterer, mal in abgeschwächter Ausgestaltung: die Ausdifferenzierung von Zivilbürger und Militär (Bauer und Ritter) und seine hybriden Formen von Zivilmilitär (seit dem 19. Jahrhundert), Bauernkrieger (Mittelalter), und die "innere" Pazifizierung durch einen übergreifenden Kult, eine den Zusammenhalt mit und gegen Nachbarn organisierende Leitideodologie (Pax Romana, Europäische Union, Nationalismus, Heiliges Römisches Reich, Abrahamismus Zwei, Drei, Drittes Reich, Gott Amur, Stonehenge-Kult, Magna-Mater und Löwenmann-Kult, Genesis-Kultur und Kult, etc.).
Es sieht wie der Kampf zwischen Anarchie und Ordnung aus - wenn die Grundausdifferenzierung "Jägerhorde" gegen die Grundausdifferenzierung "Sesshafte Gesellschaft" in ihr gegen sie aufbegehrt - vor dem Exodus aus der DDR in den 1980er Jahren, die Flucht ging oft bis zur Ungarischen Botschaft der BRD, kam es zu einem grossen Exodus nach 1848, als tausende Binnenflüchtlinge, tausende ihrer Sesshaftigkeit mehr mental als materiell Beraubter, das Land in Richtung Wilder Westen/ USA und Lateinamerika verlassen wollten oder mussten, weil die sesshafte Ordnung sie vertrieb, ihren Angrif gegen sie abwehrte und es für die neuen deutschen Demokraten und Demokratinnen als Option immer eine Alternativ-Sesshaftigkeit in Übersee wie für die DDR "den Westen" gab (Kritisch implosiv wird es in einer Gesellschaft, verfügt sie über keine Fluchtoptionen: 1789 war der Auswanderungselan nach Übersee erschöpft. Das verschärfte die soziale Auseinandersetzung). Der grösste Exodus in neuerer Zeit - abgesehen vom binneneuropäischen Exodus von

250 000 Hugenotten aus dem Königreich Frankreich nach 1685, wovon etliche 10 000 sich im Preussischen Reich niederliessen, heute "alteingesessene Deutsche" sind - fand im 16. und 17. Jahrhundert statt, als mentale Inlandflüchtlinge und Notmigranten, bei weitem nicht nur Spekulanten und Abenteurer, Europa in Richtung wilde Neue Welt verliessen - nach Columbus und Mayflower - um dort bald im Zustand sesshafter Gesellschaft, in Formen des überlieferten Reentrys und freier, mental gewollter, sich zu reproduzieren,dabei dortige Sesshafte vertrieben, zu Flüchtlingen machten so wie in Afrika Sesshafte zu heimatlosen Sklaven - Generationen später sesshafte, befreite Afroamerikaner. Auch in der Französischen Revolution schimmert etwas von Nomade/Jäger und Sesshaftem durch - wenn "wütende Jägerhorden", marodierende Halbnomade, all jene, die sich zu Hause nicht mehr zu Hause und sicher genug fühlen, gegen die bevorteilten Inhaber und Nutzer// der bestehenden Sesshaftigkeit und deren Militär aufbegehren und aus ihnen die neuen Heimatlosen, Flüchtlinge machten, während sie, die Jäger, die alten Paläste mit neuem Geist und Personal einer sesshaften Ordnung besetzen - einschliesslich eines Pazifizierungsaktes mit ihren Nachbarn, mit dem Umland, als eine Grundvoraussetzung von Stabilität und Sinn der neuen, der reorganisierten Sesshaftigkeit.

01.05.2517

Inwiefern hängen Einsteins Blockuniversum (in dem Vergangenheit, Gegenwart, Zukunft "synchron" existieren) und Retrokausalität (retrocausality, vgl. Richard Shoup: Understanding retrocausality), in der

Zukunft/Gegenwart die Vergangenheit ändert/ändern, mit Parasynchronizität zusammen. Parasynchronizität ist die philosophische Version, sie sind physikalistische Ausschnitte davon.

30.04.2517

A pro pos Permingation. Das Tierische, Archaische, Totemhafte, Revierartige drückt sich bereits in der Redewendung "Sich mit fremden Federn schmücken" aus. Die Indigenen, insbesondere die Häuptlinge, des Textrevierbetriebs tragen und erzeugen Federn, Federschmuck. Paradiesvögel tun dies auch - und Spatzen klauen ihnen gerne mal eine goldene. Nicht zuletzt macht sie das für Weibchen attraktiver und bringt sie im indigenen Stamm, jahrhundertelang ein Männerstamm, der Leistungen mit Auszeichnungen, mit Federn, belohnt, nach oben. Beides kommt an sein Ende: die Digitalisierung schränkt die Permingation (u.a. weil sie die Möglichkeit zur Gegenpermingation, zur Wehr der Permingierten revolutioniert) und das Plagiat ein (u.a. weil die Suchprogramme unerbittlich sind); der Stamm nimmt Frauen auf.

28.04.2517

Paläolithischer Alltags-Kannibalismus - an verschiedenen Orten Europas vor 10 000 Jahren. Zu den Kannibalismusfunden in Santa-Maria (Spanien), die zeitlich mit denen in Herxheim und Petra (evtl.) zusammenpassen - siehe weiter unten. Dort auch Kritik an schöngeforschten und schöngeredeten Kommunikationen dazu.

28.04.2517

Mit der Sesshaftigkeit wurde mensch angreifbarer, gesetzter und ausgesetzter - wuchs das Bedürfnis nach Pazifierung des Umlands, sank weder Wachsamkeit noch Aggressivität, im Gegenteil differenzierte sich Bauer und Krieger aus (s. 28.03.2517).

28.04.2517

Die Forschungen und Entdeckungen von Santa Maria sind im Artikel von Bruno Boulestin (2014): Manger son ennemi ("Seinen Feind essen"). Le cannibalisme préhistorique et la guerre, nicht eingearbeitet. Auch deswegen wirkt dieser Artikel überholt. Boulestin geht vor allem auf Herxheim ein, siehe dort die Abbildung von einem zu einem Suppenteller oder Trinkgefäss präparierten Schädel aus den Herxheim-Funden.

28.04.2517

Rassismus als Kulturfortschritt. Interessant wäre zu wissen, ob die entdeckten und noch zu entdeckenden menschlichen Speiseüberreste aus Neanderthaler-Knochen bestehen, was die paläolithische Ausrottungsthese unterstützte bzw. veränderte: Hier wird die These ja vertreten, dass der paläolithische Rassismus, wo er intensiv war, sich verbat, nicht nur im Nährwert, sondern im Ansehen "Minderwertige" zu fressen, zugleich jagte man sie weniger, um sie zu töten - sie waren weniger "Feind", mehr "Beute" -, jagte man sie mehr, um sie zu versklaven -, vielleicht auch Indiz für einen Epochenumbruch von der Jagd zur Sesshaftigkeit.

Die Sesshaftigkeit beförderte womöglich den ersten "Kulturrassismus" zu Tage, die Sklaverei war eine Folge davon, ein echter Kulturfortschritt... .

28.04.2517

Das Fremde nicht bloss eingemeinden, sondern eben "fremd" belassen. Akzeptieren, dass diese Wesen von vor 10 000 Jahren uns fremder oder so fremd sind wie brasilianische Indios, die bis zur Mitte des 20. Jahrhunderts vom Hirn erlegter "Feinde" frasen oder Nazis, die aus Goldzähnchen Goldbarren machten, und Rassenmord im grossen Stil. Virulent von Serben gegen muslimische Bevölkerung, virulent in Ruanda zwischen Stämmen.

28.04.2517

Die Sache im Autor der Sache. Vorbemerkung: die Autorin des Artikels über Herxheim - der über eine Forschung berichtet, nicht über das ganze Feld dieser Forschung, nur diesen Eindruck suggeriert - nimm ich bei der ersten Lektüre nur als "Schatten" wahr. Es ist eine Sie, der Name irgendetwas mit A. Von einem akademischen Titel stand nichts. Mehr wird nicht wahrgenommen. Die sachliche Auseinandersetzung interessiert, die allerdings im Kopf der Autorin, des Autors beginnt - er oder sie deswegen nicht "aussen vor" bleiben können, sachliche Kritik sie einbezieht, weil sie die Sache zur Sache machen, also persönlich wird in einem gewissen Mass. Hätte der Artikel eine kontroverse

Diskussion über Herxheim mit allen zur Verfügung stehenden Informationen, Ungereimtheiten und Reimmöglichkeiten offengelegt und angezettelt, hätte ich die Autorin oder den Autor gelobt und den Artikel, der die letzten 10 Jahre Herxheim-Forschung kritisch resümmiert, mit dem früheren Herxheim-Eintrag (siehe 28.03.2517: "Von Herxheim zu Treblinka") verlinkt.

28.2517

Textreviertheoretisch: Hätte ich das fremde Textrevier so betreten, wie wenn ich es nie betreten hätte, statt es an vielen Ecken anzupinkeln, herunzuzerren, Lücken und Undichtungen auszusetzen, ungefragt umzustellen, zu "entstellen", Teile gar herauszureissen in andere Textreviere (Kontexte)-

28.04.2517

Paläolithischer Kannibalismus: Santa Maria, Herxheim, Petra - A pro pos der geschönte Zeit-Artikel "Die letzte Ruh": paläolithischer Jägerkannibalismus - vielleicht im Prä-Inka-Stil, vielleicht Alltag: Petra (gemischtes, gestappeltes, geschnittenes), Herxheim (gekochtes, gebrochenes, geschnittenes), Santa Maria (angenagtes, gekochtes, geschnittenes, gemischtes Menschenfleisch): dabei war Wildfleisch nahrhafter, Mensch wohl eher Beilage für die Gulasch-Suppe: Vgl. Art. von Ars technica vom 20.03.2017: [There was an outbreak of cannibalism 10 000 years ago](#) ; und von Thomas Bergmayr (Standard): [Kannibalismus: Kalorienzählen bei Menschenfleisch](#). Zuviel wäre es gewesen, hätte die Zeit-Autorin einen **aufschlussreichen Zusammenhang** zwischen den kannibalisierten Knochenfunden von Herxheim, Petra und Santa Maria hergestellt - verdrängte sie doch das Kannibalen-Fakt schon für Herxheim auf "anmutige" Art und Weise.

28.04.2517

Das Schlachthaus. Nochmals zu Herxheim - eine merkwürdige Menschenmetzger-, -koch, fress- und grabstätte der Steinzeit, - vielleicht die grösste Feldküche der Steinzeit, spezialisiert auf Gulaschsuppe, vielleicht eine Opferkultstätte - auch in Santa-Maria bei Valencia fanden sich von Menschen zerlegte und angenagte Menschenknochen - die fern an die Inka-Kulte erinnert, die aus grosser Entfernung Menschen anderer Stämme für Versklavung, Opferung und rituelle Verspeisung jagten und verschleppten - oder kam die Versklavung erst, als sie für die überlegenen Jäger einen höheren Nutzwert als Töten und Fressen bekam? Anlässlich eines Zeit-Artikels, Die letzte Ruhe der, passend zu einer Forschung, die sich die Dinge schönforscht, Dinge schön redet und dadurch unfähig macht, mutwillig, mutmasslich, gewisse gesicherte Fakten in dieses Verdrängungsraster einzubeziehe(Fakten, die jüngst untermauert wurden - s.o. Links zu den Artikeln von März und April 2017). Kein Wort davon, dass die Leichen zum Teil wie Schlachtvieh zerlegt wurden, dass ein französisches Forscherteam, nach aufwändiger labortechnischer Analyse, feststellte, dass das Fleisch gekocht wurde. Die Zeit-Journalistin fand vermutlich die Prä-Inka-These - die in einem Zeit-Artikel von 2010 erwogen wurde - nicht schön genug, sie hätte sie ja mindestens in ihren Artikel einbeziehen und den Forscher damit konfrontieren können, noch weniger schön die These, dass wir hier am Ende einer langen Menschenjagd-, -versklavungs und -fress-Epoche stehen könnten, die sich immer mehr ritualisierte - so ähnlich wie die Inkas, die am Ende einer langen Epoche der Menschenjagd- und fresserei, "nur" noch vom Blut der geschlachteten Gefangenen tranken - diese aber auch mehr wie Metzger als wie Priester zerlegten. Dass also Herxheim mehr mit den Inkas zu tun hat als mit dem jordanischen Petra, hat nicht das jordanische Petra sogar noch mehr mit den Inkas zu tun als Herxheim. Von Gewalt, Zwang, Versklavung, Menschenjagd, Fleischkocherei, also keine Rede in diesem Wort zum Sonntag - dafür von Abschiedsküssen und "kompliziertem" Grabritual- einfachere, naheliegendere Thesen lässt die Zensur im Kopf nicht zu... Dafür ist die Forschung und der Artikel - offenbar kultur christlich geprägt - nicht mehr bereit, sich frei und unvoreingenommen zu machen - werden relevante Fakten ausgeblendet und mit skurilen, dafür "anmutig", statt "schrecklich" klingenden Thesen ersetzt, es werden gewisse Schlüsse nicht gezogen, weil "man" sie nicht ziehen darf oder sie einfach nicht ziehen mag. Es scheint, die Fakten wurden stark nach einem "Zeit"-Geschmack, als nach Logik jener Zeit arrangiert:

"Wie viele Tote unter dem Boden von Gebäude F lagen, lässt sich schwer schätzen, zu fragmentiert sind die meisten Überreste. Und sie blieben in ihren Steinkisten nicht allein. Die Menschenknochen sind vermischt mit denen von Schafen, Ziegen und Raubtieren, zum Beispiel Füchsen. "Das waren die Reste von Mahlzeiten", sagt Kinzel. Wo mit Steinklingen das Fleisch von den

Tierknochen geschabt wurde, sind Schnittspuren zu sehen. Langknochen wurden aufgebrochen, um an das nahrhafte Mark zu kommen. Zudem fanden die Wissenschaftler nur die Reste essbarer Körperteile. Köpfe, Hufe oder Pfoten fehlten. "Zeitlich befinden wir uns hier in der frühen Jungsteinzeit, auf der Kippe der Domestizierung von Wildtieren zu Haustieren", merkt Kinzel an. Tiere ständig in nächster Umgebung zu halten war ein neues Konzept. Mit der Vermischung der Knochen nach dem Tod könnte diese neue Gemeinschaft symbolisch verfestigt worden sein. Zufällig gerieten die Tierknochen nicht in die Steinkisten. "

Nein- zufällig gerieten sie nicht in die Gulasch-Suppe -- dass die Menschenteile auch gestapelt wurden nach essbaren Teilen - davon will der Forscher und die Autorin nichts wissen - obwohl sie über ihre eigenen Resultate stolpern - weiter oben im Artikel festgehalten wird:

"An der gegenüberliegenden Nordseite stapelten sich die Langknochen, zusammen mit flachen Skelettteilen wie Schulterblättern oder Becken. Alles, was sich nicht aufeinanderschichten ließ, hatte man in die Mitte geworfen: Unterkiefer, Rippen, Wirbel und die Einzelteile des zerbrochenen achten Schädels."

So wird in einer modernen Grossschlachterei das "Fleisch" gestapelt und zwarn"*nur die essbaren Körperteile*" - die Langknochen passen auch dorthin, die "*aufgebrochen wurden um an das nahrhafte Mark zu kommen.*" Die spekulative Phantasie sei jeder Leserin, jedem Leser überlassen, was dort tatsächlich stattgefunden haben könnte - Hr. Kinzel ist vielleicht ein guter Christ, zumal Kulturchrist, kommt er auf die Idee auch noch "Asche zu Asche, Staub zu Staub" zu zitieren, was nur noch mehr Staub aufwirbelt, so dass ich meine Zweifel habe, ob er ein genauso guter Forscher - und das heisst ja vor allem: hermeneutischer Synthese- und Kulturdenker, ist. Ein Kulturmensch aus der Zeit nach 1945, der das Tabu, das Gebot, Du sollst nicht Menschen jagen, töten und fressen, gewiss gut verinnerlicht hat. Man könnte, übrigens, der These nachgehen, dass die Knochen vor 7000 Jahren gekocht wurden, um sie von Fleisch und Sehnenresten zu säubern -nicht um irgendetwas davon zu essen (Dagegen spricht, dass Menschenknochen Schleifspuren haben. Vom Ausbeinen? Und gebrochen wurden. Für das Mark?). Man sollte sich nicht auf eine einzige These bornieren, bei soviel Ungewissheit und Quellenmangel prinzipiell nicht (also mindestens immer zwei, drei Thesen verfolgen), aber soviel ist klar, die Fakten sollten möglichst alle, mit Betonung auf alle, Platz haben in ihr. In Anbetracht dessen, dass uns von der Urzeit immer wesentliche Informationen fehlen werden, ist es umso wichtiger, dass Thesen über sie, wesentliche Dinge, die wie wissen, nicht (auch noch) unter den Tisch kehren und dazu zählen Informationen, die labortechnisch gewonnen wurden, sie stellten, wie gesagt, fest, dass menschliche Fleischteile aufgekocht wurden. Wir gehen also eher von einem machtsüchtigen Homo Cannibalis aus, im späteren Entwicklungsstand, von einen Stamm und Kult, der fern an die Inka-Kultur erinnert, während Kinzel und die Zeit-Autorin eine schon vor 10 000 Jahren "prä-christianisch", anmutende Begräbnis-Kultur rückprojiizieren und an dieser "hygienischen" Suggestion so gefallen gefunden haben, scheint es, dass sie eine dreckige, vielleicht sehr dreckige Vergangenheit "hygienisch" ausgestalten, egal, dass sie dabei wesentliche, vor allem dreckige, vielleicht sogar sehr dreckige Dinge "übersehen"..... Zuerst sollten sie vielleicht in ihrer eigenen Kulturprägung Grabungen anstellen und "das Unvorstellbare vorstellen" üben, bevor sie sich über gekochte und nicht gekochte Knochen von Menschen machen, die 10 000 Jahre alt sind - und merkwürdigerweise teils nach Essbarkeit gestapelt, teils gulaschmässig mit Tierknochen vermischt worden sind, vermischt worden sein könnten. Nein, ein prächristliches Begräbnishappening, zu dem die lieben Steinzeitmenschen pilgerten wie auf dem Jakobsweg, war das wahrscheinlich nicht. Was in Herxheim zusammenfand, allenfalls zusammengezwungen wurde, könnte für die einen eine mächtige Tat, für die anderen ein ohnmächtiger Zwang und Horror gewesen sein. So fremd für uns, wie jene brasilianischen Stämme, deren Enkel, wenn nicht Söhne und Töchter heute unter uns weilen, deren Väter das Gehirn ihrer "ermordeten" "Feinde" frasen. Und diese Söhne und Väter trennt gerade einmal eine Generation, so wie mich und mein Grossvater, der am Abschlachten von Juden und Jagen von Kommunisten beteiligt gewesen war, zwei Generationen trennen - hier aber trennen uns 10 000 Jahre, trennen uns 3000 Generationen, die genügend Zeit hatten, das Unvorstellbare vorstellbar zu machen. Auch wenn sich das heute gewisse Leute, die sich Forscher oder Journalistin nennen, gar nicht richtig, gar nicht radikal unvoreingenommen genug, vorstellen können, vorstellen wollen, viel lieber aus der Urzeit ein nahtlos an die Gegenwart anknüpfendes, mit anachronistischen, also heutigen Vorstellungen tapeziertes Vorzimmer bauen, offensichtlich passend gemacht, wo es nicht passt.

27.04.2517

Die Europäische Union hat Potential für eine solidarische gesamteuropäische Kooperationswirtschaft. Wenn die Troika (EU, EZB, IWF) der griechischen Wirtschaftskrise "hilft" - mit "Hilfspaket" und europäischem "Rettungsfond" - wobei hier Hilfe zur Selbsthilfe auch Hilfe für europäische nicht-griechische Investitionsbanken - geschieht das immer noch in einem konkurrenz- nicht kooperationskapitalistischen Rahmen. Dementsprechend ist auch die Solidarität in den anderen EU-Staaten unterentwickelt, nicht wirtschaftsimmanent. In Ansätzen baut die Europäische Union hier Brücken zu einer Europäischen Kooperationswirtschaft, bildet, gleichsam widerwillig, einen Eindruck davon, wie es sein könnte, wenn sich Europa auf der nationaleuropäischen Ebene der Wirtschaft (Volkswirtschaft) gegenseitig hilft, solidarisch definiert.

27.04.2517

Ein Vorteil der Kooperationswirtschaft ist, dass sie krisenresistenter und -resilienter als der Konkurrenzkapitalismus ist. Die spanische Mondragon Cooperacion - der siebtgrösste Betrieb Spaniens, wobei das ausserspanische Betriebsnetzwerk im Grunde dazugehört -, ist deutlich stabiler durch die Weltwirtschaftskrise 2007/8 gekommen als konkurrenzwirtschaftliche Betriebe, Betriebsnetzwerke. Und dabei steht diese Grossgenossenschaft als

Pionierbetrieb erst am Anfang unserer
kooperationswirtschaftlichen Kultur.

27.04.2517

Über Kooperationswirtschaft. Es widerspricht dem Geist
des Kooperationskapitalismus sich in Konkurrenz mit
dem Konkurrenzkapitalismus zu sehen. Eher der
Konkurrenzkapitalismus definiert
Kooperationskapitalismus in diesem Begriff, sofern sich
z.b. seine Oberschicht, die Manager- und
Grossaktionärsklasse, von ihm "angegriffen" fühlt. Dass
sie Privilegien verliert, nur in moderaterer Form erhalten
kann, an andere abgeben muss, darüber weniger selber
bestimmt, etc. komplementär bis alternativ (ersetzend).
Die Auseinandersetzung gestaltet sich für ihn mehr
koopurrent als konkurrent. In einem
koopurrenzwirtschaftlichen Betrieb ist die Managerklasse
und die Belegschaft anders in den Erfolg und Misserfolg
des Unternehmens involviert - in Betrieben mit
Betriebsräten wie VW ist das schon beschränkt
"koopurrenzwirtschaftlich" organisiert, zumal angedacht-
, und hat der Gross- und Kleinaktionär ein anderes
Gewicht, der erste ein kleineres, der zweite ein grösseres.
Damit überträgt sich allerdings auch die Verantwortung
auf mehr Schultern und von Personen auf Netzwerke.
Alle Kooperationspartner eines Geschäftes müssen mehr
an Entscheidungen teilnehmen, also informiert und
fachkundig sein können, der Informationsfluss ist
koopurrenzwirtschaftlich ganz anders zu organisieren als
traditionell betriebswirtschaftlich-
konkurrenzkapitalistisch. Vernetzung und Netzwerk von
Betrieben, die sich kooperationswirtschaftlich

organisieren, definieren die "Aussengrenzen" eines jeden. Wenn ich ein Geschäft mit anderen Betrieben koopurrent tätige, ist dieses kooperative Geschäftsnetzwerk die Aussengrenze meines Betriebes, partizipiere ich an einer Solidarität dieses Geschäftes und an einer Veranwortung - dass ich Schwächen anzeigen und ändern (Hilfe annehmen) und Stärken anzeigen und teilen (Hifle erteilen) muss - das ist der solidarisch kooperative Teil der Koopurrenz - der konkurrente ist der, dass der Bessere, Stärkere, als Lohn für seine Leistung, die er abgibt, für seine Besserstellung, die er teilt, um sie wieder zu "verlieren", mehr das Sagen und den grössten Erfolgsanteil in diesem Geschäft hat - was den Benachteiligten animiert, schnell aufzuholen, auch mit Hilfe des Kompetenteren, der das Zeitmanagment, die Zeit sparen, kurz halten möchte, diesem helfen zu "müssen", als Hilfe zur Selbsthilfe. Das bremst das konkurrenzideologische "immer besser, immer mehr, immer schneller" und fördert die nachhaltige Gemächlichkeit - Bedürfnisse, zu konsumieren, werden nicht künstlich gepuscht, vielmehr wird ein Grundbedarf ausgemacht und eine Grundleistung, die dazu notwendig ist, in die kooperative Wirtschaft verteilt (z.B. durch einen europäischen Verteilungsschlüssel, an dem Kooperativen teilnehmen, teilweise finanziert durch solidarische Beiträge der Konsumenten (Steuern)). Die Offenheit der eigenen Geschäftsbücher und Geschäftsgeheimnisse, ihre Eliminierung, ist durch eine höhere Solidarität von allen an diesem Netzwerk Beteiligten bedingt. Hier geht es darum, dass alle nachhaltig bevorteilt werden, davon leben können, nicht einige ausschliesslich auf Kosten von anderen. Hier spielt der Staat eine regulative und egalisierende Rolle, reguliert und egalisiert sich das in der Kooperationswirtschaft nicht stärker "von selbst", so dass der Staat in der Koopurrenzwirtschaft prinipiell, weil "per se staatsintegrativer, bzw. netzverwerkter handelnd und denkend", eine schwächere Rolle spielt. Die Bevorteilung, die Benachteiligung sind nur relativ, nicht absolut, über die Konkurrenz gewinnt die Solidarität, sie hat einen Eigenwert, den das Kooperative an der Konkurrenzform dieser Wirtschaft auch "kulturell" entwickelt. Sonst funktioniert sie nicht (Nationalität entwickelte diese Solidarität, dieses Zugehörigkeitsgefühl, die Kooperationswirtschaft hat ein solches für sich zu entwickeln. So dass sich die an diesem Netzwerk Beteiligten solidarisch und zugehörig fühlen: es gehen deutsche Kooperationisten in griechische Kooperationsbetriebe helfen, lateinamerikanische in afrikanische, usw.).

26.04.2517

Genesianische Welt- und Regionalkultur: Solary, statt Handy - Übunten (overdowny), statt Roboter. Globale Nomadenkultur. Globale Migrations- und Sedentationskultur.
Das bedeutet nicht nur - zurück zur Natur - zu welcher? sondern - um Solarys zu entwickeln und Übunten zu bauen, braucht die kooperative Welt kleine, aber hochtechnologische Spitzenbetriebe - der Produktion, Wartung, Zulieferung - , daran muss nicht die ganze Menschheit basteln, sondern ein paar tausend Hightechingenieure und -ingenieurinnen und weitere Fachkräfte und Spezialisten. Die kooperationskapitalistische "Kommerzialisierung" sorgt

dafür, dass alle an deren Innovationen teil nehmen, partizipieren können, es gibt keine absolute Konkurrenz, um andere zu "überholen", "zurückzulassen", sondern kooperative Konkurrenz (Koopurrenz)- so wie die Afrikanische Union heute ganz Landesgebiete Afrikas in Elend und Hunger "zurücklässt", weil sie konkurrenzkapitalistisch, nicht koopurrenzwirtschaftlich funktioniert, denkt und handelt - und, solidarisch die Welthungerhilfe einschreitet, jedoch oberflächlich, nicht nachhaltig. Kooperationskapitalismus ist auf nachhaltige Hilfe Solidarität und Kooperation angelegt: auf Hilfe zur Selbsthilfe. Mehr Autarkie und Robustheit wird in die Grundlage der Versorgungswirtschaft gelegt - Menschen erhalten mehr von der Gesellschaft und von ihrem Staat und diese erwarten mehr Gegenleistungen von ihnen, alles andere ist nicht genug nachhaltig.

26.04.2517

Transformation zum Kooperationskapitalismus (zur Koopurenzwirtschaft). Je mehr Kooperativen auf dem Globus entstehen, Gesellschaften sich nicht bis aufs Blut und Land konkurrieren müssen, desto weniger Paranoia besteht, dass die eine Gesellschaft die andere überfällt, vielmehr hilft dann die eine Kooperative, Kooperationsgesellschaft, der anderen. Europa kooperiert mit Afrika, mit Lateinamerika, mit Nordamerika, mit dem Nahen Osten, mit Russland. Die ganze Militärindustrie wird obsolet. Wird auf eine minimale Struktur und Grösse zurückgefahren werden können. Am Ende dieser Entwicklung - welch ein Freudenfest wird es sein!: Die Gesellschaften geben ihre Atomraketen in die Obhut einer neuen UNO (Gemeinsame Verwendung von

Atomraketen im Dienste der ganzen Menschheit, zum Beispiel gegen Kometen oder die Verbreitung einer Virus-Pandemie. Nicht mehr von einer Menschengruppe gegen eine andere). Bis dahin wird der Weg steil und steinig bleiben. Wir haben also politisch und kulturell noch viel vor uns - um den Konkurrenzkapitalismus zu transformieren in den Kooperationskapitalismus. Es wird nicht langweilig werden die nächsten Hunderten von Jahren. Es sei denn, irgendwelche Idioten meinen den Weg abkürzen und die Hölle auf Erde installieren zu müssen.

26.04.2517

So wie das Handy, nein, noch mehr als das Handy, braucht die Menschheit das Solary. Das Solary zapft Energie der Sonne an.

26.04.2517

Sustainecology

26.04.2517

Technologie höher enwickeln heisst (auch), hohe Technologie entwickeln, so "hoch", dass wir in Zukunft weniger Technologie brauchen. Detechnology Technology. Minimal Technology. Sustainable Technology (Sustainology).

26.04.2517

Kritik am kopflosen Technikwahn. Wenn kopflose, dümmliche Massen-Filme wie "I Robot" und Terminator I - III die überdrehte Prospektivität des Technologiewahns inszenieren - Selbstkritik geht dabei im Getöse unter - und damit Einfluss auf die Realität gewinnen, muss die Prospektivität dieses Wahns, dieses masslosen, masslos dummen Wahns, zurückgeschraubt und redekonstruiert werden durch anderen, intelligentere Vorgaben, durch nachhaltigere, weisere Massenvorgaben. Müssen wir diese Filme kritisch lesen lernen, nicht mehr senden, nicht mehr konsumieren wie riesige Werbespots für den Technologiewahn der Zukunft - doch Prospektivität brauchen, wollen wir, wenn nicht diese, eine andere, gehen wir davon aus, dass Alfred Adlers These, dass der Mensch prospektiv ist, richtig ist.

26.04.2517

Lese Manès Sperber: Alfred Adler oder das Elend der Psychologie (1970).

26.04.2517

Konservative contra progressive Prospektivität. Vertrete eher die Meinung, dass der Mensch reentrisch ist. Er,. Sie geht nach vorne, immer auch, um zurückzukehren. Wir sind prospektiv retrospektiv und restrospektiv prospektiv (es geht und will nicht alles vorwärts, in die Zukunft, Gegenwart enthält viel bewahrenswerte Vergangenheit, sowohl natürliche Werte (Luft-, Erd- u Wasserqualität) und kulturelle Werte. Worüber die Gesellschaften streiten, welche damit gemeint sind, welche nicht, welche der Zukunft geopfert oder welche als unzumutbares Opfer für sie betrachtet werden, welche Interessenlagen welche sozialen Lagen eher konservativ oder eher progressiv macht, welche gewisse eher different oder eher indifferent macht, und so weiter.)

26.04.2517

Avatar - schon der Titel ist genial. Zeigt die Probleme, die Schwierigkeit, mit der unsere Gesellschaft kämpf, nämlich Techologie und Lebenswert zu synthetisieren, zu hybridisieren, zu avatarisieren, auf phantastische Weise. Der phantastische Film. der die ganze Menschheit erreichte, reitet auf einem realen Grundkonflikt der Menschheit.

26.04.2517

Über Grossprospektivität oder Grossfinalitäten im Kollektivbewusstsein von Gesellschaften. Zwischen seelenlosem Technologiewahn und Abrahamismus Drei gibt es, wird es geben, die genesianische Grossprospektivität (Auch Scientology und der Buddhismus bieten Grossprospektivitäten an). Keine Frage, ich halte die genesianische für die grösste, robusteste, nachhaltigste, stärkste von allen. Sie bestimmt den Weg der Menschheit für Jahrtausende, für immer - oder bald keine mehr.

26.04.2517

////Zwischen Technologiewahn und Naturnostalgie sucht//schafft/// Genesianische Kultur den Dritten Weg, die Mitte Second Order. Denn zum Leben in Glück und Sicherheit brauchen wir wenig Technologie im Alltag - meistens reichen Fahrräder, statt Hightechautos - dennoch sei es ihr gestattet, sich in einem beschränkten Feld "unbeschränkt" zu entfalten. Das jedoch am besten erst, haben wir dieses Feld vom Konkurrenzkapitalismus ab- und an den Kooperationskapitalismus angekoppelt. Der Blockbuster "Avatar" stellt den Konflikt einer vom Technologiewahn und Konkurrenzkapitalismus getriebenen Gesellschaft im Konflikt mit einer in Spiritualität und Selbstgenügsamkeit lebenden Gesellschaft dar. Sie hat den Fortschrittswahn erfolgreich abgelegt, der sie jedoch bedroht und verdrängt - gäbe es nicht die Hybridlösung, die Synthese, den Avatar des Avatars sozusagen, der aus Verbündung und Kooperation - ganz ohne Verrat gings nicht - der Konfliktparteien besteht.

///Vermutlich muss in der Zukunft der Massenwahn der Techne und das Grundbedürfnis nach spiritueller Selbstgenügsamkeit rekombiniert und redekonstruiert werden - politisch viel stärker //politisiert //in die Agenda der Politik///aufgenommen werden und somit auch//stärker// in das kollektive Bewusstsein. Starke genesianische Gesllschaft muss lernen, Technologie auszulagern auf einen beschränkten Laborbereich, wo sie ihrem Wahnsinn, nein, der Vernunft des Fortschritts, frönen kann, ein Bereich, der allerdings stark überwacht ist und zensiert wird, sobald es um gesamtgesellschaftliche Anwendungen und Kommerzialisierungen geht. Genesianische Bildung und genesianisches Konsumsverhalten ist hochreflektiert darüber, was wir brauchen und wollen an Technologie, was nicht, besitzt eine starke konservative Seite und eine Bereitschaft, sehr progressive Dinge für den Fortschritt des genesianischen Lebens im Labor zuzulassen, dort, wo es um genesianische Prospektivität geht: nämlich aus der Alphaphase der Menschheit in die Omegaphase zu gelangen, in der wir viel länger leben können als heute, viel nachhaltiger wirtschaften können als heute, für alle auf der Welt einen würdigen Lebensstandard bereiten können, in spirituell selbstgenügsamer, technologiekontrollierter Art und Weise. Statt auf riesigen Kreuzschiffen über das Meer und gegen das Meer - weil mit einer unglaublichen ökologischen Verwüstung im Schlepptau -, fährt diese Kultur der Menschheit auf riesigen Übunten in das Meer mit dem Meer. Teilweise lebt sie auf ihnen. Sie wird ein Bruchteil an Erdressourcen verbrauchen, die Bevölkerung steuern und reduzieren. Eine unkontrolliert sich vermehrende Bevölkerung, egal in welchem Elend, werden wir nicht mehr haben und wollen, kooperationskapitalistisch durch eine friedliche globale Ordnung der geistigen und materiellen Lebenssicherung und -sättigung ersetzen. Diese Grosskooperation muss nicht "eine" Weltregierung alleine steuern, für sie ist das Globalkooperative von besonderem Interesse, das können unterschiedliche Kontinentalregierungen (Kontinentalkooperative Regierungen) machen, interregionale und interkontinentale.

25.04.2517

Wie unwissend Freuds Unbewusstsein ist.

25.04.2517

Wenn "Philosophische Anthropologie" gewahr wird,
blind Anthropologie der Philosophie zu betreiben.

25.04.2517

Es besteht in Fakultäten - in gewissen jedenfalls - die
Gefahr, dass in ihnen die Mediokratur herrscht, was sie
unfruchtbar und redundant macht - umso stärker aber
auch die Begehr nach "Innovation"- erschlichener
Innovation. Allzu grosse Pionierarbeit fordert zur
Anerkennung eines grossen fremden Textreviers heraus,
Grösse, die man gerne selber hätte, und zu einer
Bedeutung, die man gerne selber hätte. Sie befördert eitle
Anerkennungssucht. Nobelpreise erhalten im
Wissenschafsbetrieb indessen jene, die pionierhaft die
Sache, und nur die Sache, befördern.

25.04.2517

Permingation hat etwas mit Übergriff,
Grenzüberschreitung zu tun, über ein fremdes Textrevier
wird die eigene Marke gelegt, gepisst, damit angeignet,
mit der eigenen Marke markiert. Die Grundspur bleibt
sichtbar, lässt sich nicht ganz überpissen.
Gegenpermingation stellt die zu Recht bestehende
Grenze, die eigene Markierung, das eigene Textrevier
wieder her - und produziert Verachtung der Missachtung.
Möglicherweise fordert sie zum gebührenden Respekt,
also die Gebühr, die nicht gezollt und gezahlt wurde,
auf. Permingation hat sich die billig erschlichen, hat sich
das "sparen" wollen. Fussnoten und Zitate sind diese
zulässigen Zulässe, sichern erlaubte Zugänge in und
Durchgänge durch Textreviere Dritter ab - markieren,

dass auf Permingation und Plagiat verzichtet wird und den Grenzverlauf des eigenen Textreviers. Mit diesen zivilisatorischen Errungenschaften wird der Frieden im akademischen Textrevier gewahrt.

25.04.2517

Permingation ist nicht der Königsweg, aber die Pissspur in den akademischen Revierbetrieb.

24.04.2517

Ein Doktortitel und etablierte Zugänge schützen vor Permingation durch Doktoren in etablierten Zugängen. Der Aussenseiter, die Randständige, die deutlich Unterlegenere ist, falls sie wertschöpfende Pionierarbeit leitet, potentiell Permingationsobjekt der Begierde.

24.04.2517

Der-Universitätsbetrieb achtet präventiv auf Ausschluss von Plagiat und Permingation da in ihm dessen Optionalität gross und nicht endend ist. Doktoren mit etablierten Zugängen in diesem Betrieb passiert selten, dass aus ihrem Aufsatz "Hans, der Inder" (2003/04) ein Kollege den Aufsatz "Hans, ein Inder" (2005) machen würde - man müsste und würde das in diesem Kreis als Affront betrachten oder als bewusste Attacke, so oder so als ein Revierangriff ,als ein unfriendly overtake. Das dreiste Plagiat würde sich in den intakten Kommunikationskreisen herumsprechen, man würde sich von dieser Permingation, selbst wenn man nicht der Permingierte ist, leicht düpiert und angepinkelt fühlen.

Permingation hat ja im Grunde etwas Obszönes, Abstossendes, Widerwärtiges, Verächtliches und Kriminelles an sich.

24.04.2517

In Richtung Veranstalter -Universitätsphilosophen und -psychoanalytikerinnen - geht die Bitte, das Buch "Über die Anfänge", insbesondere die Lacan-"Spiegelstadium"-Redekonstruktion in Teil 2, "natürlich" nicht zu permingieren, wer macht schon so etwas - nein, wenns passt, zu rezipieren. Wenn auch dieser Teil noch auszuarbeiten ist, überhaupt der publizierte Blogtext eine Neuauflage wünschen lässt - die Ideen stehen ausgereift und klar genug auf Papier. Das würde unsereins sehr freuen und nicht zu in aller Öffentlichkeit stattfindenden Gegenpermingationen reizen (eine Art Reaktion auf unverschämtes Plagiieren und Ideenklauen, sich mit fremden Federn Aufblähen - Revieraneignung und -behauptung bei gleichzeitiger symbolischer Übergehung, Überpissung eines Textreviers von einem Dritten, seiner darin festgehaltenen Pionierleistungen). Danke. Für eine Beteiligung an dieser Veranstaltung besteht keine Zeit. Betrifft: Veranstaltung, Februar 2018, Anmeldeschluss: Juli 2017: Philosophische Anthropologie und ihr Verhältnis zur Wissenschaft der Psyche.

23.04.2517

Ich bin Post-50, und erlaube mir seit wenigen Jahren, mich nicht mehr "jugendlich" zu nennen. Der Abschied fällt mir relativ leicht, ich hatte ja auch Jahre, Jahrzehnte Zeit, mich auf ihn vorzubereiten. Das innere Kind ist mir

dabei erhalten geblieben, wohl aus privilegierten
Gründen oder aus einer gesunden instinktiven
Schutzmassnahme, die alle aufgeklärten Menschen
haben: Auf dass sie nicht zu abgeklärt und abgestumpft
werden!

23.04.2517

Judith Butler und Michel Foucault sind der Hermann
Hesse für Intellektuelle.

23.04.2517

Emanzipation ist Selbstemanzipation. Kantisch-
aufklärerisch die Befreiung, das Mündigmachen und
Lösen aus der eigenen Unmündigkeit, ein
lebenslänglicher Redekonstruktionsprozess, der, mehr
oder weniger, alle Menschen betrifft.

23.04.2517

Die Emanzipation betrifft beide Geschlechter - sonst
stösst der Feminismus bald an seine gläserne Decke.

23.04.2517

Lesbischer und nicht-lesbischer Feminismus. Es gibt
einen lesbischen Feminismus der kann und will nicht
heterosexuell, tut aber gerne so, wie wenn er "der"
Feminismus sei. Viele junge hetero- und bisexuelle
Feministinnen fallen auf ihn rein und können irgendwann
auch nicht mehr "heterosexuell" (im Politischen),
jedenfalls eine Zeit lang, meistens vorübergehend, nicht

lebenslänglich. Die Lesben-Lobby - nichts gegen Lesbinnen, ich liebe, wie sie, Frauen! - sollte sich also deutlich outen, macht sie auf Feminismus, oder Frauen sollten genau hinsehen, welchem Feminismus sie wirklich nachgehen wollen - dem gerne mit Mann oder dem am liebsten ohne. Das gleiche gilt für die Schwulen-Lobby, die das in der Regel auch tut - also: offensiver und transparenter ist.

23.04.2517

Judith Butler ist vielleicht zu sehr Lesben-Lobby und Michel Foucault zu sehr Schwulen-Lobby gewesen, um einen positiven Begriff von Heterosexualität, Familie, Geburt, Kind, und dergleichen, zu entwickeln, entwickeln zu wollen, entwickeln zu können. Dafür waren sie, als Minderheit in Sachen Geschlechtsausrichtung, die die Norm ablehnten und von der Norm abgelehnt wurden - teilweise jedenfalls -, prädisponiert für die kritische Erfahrung und Beobachtung von Norm und Normalität (Körperdisziplinierung, Geschlechtskonstruktion) in unseren Gesellschaften. Das öffnete, das differenzierte positiv den Normalismus, die Normativitäten stärker. Beide thematisierten ausserdem Zustände, die intellektuelle Junge als Protagonisten und Protagonistinnen einer aktiven sexuellen Single-Bindungs- und Trennungskultur besonders ansprechen, eine Kultur von 16 bis 36 Jährigen, die postpupertär bis frisch erwachsen, bis immer erfahrener, immer abgeklärter, sich, Sexualität und Beziehungen versuchen, vielfach noch nicht fest binden wollend oder könnend.

Judith Butler und Michel Foucault - die Hermann Hesse junger Intellektueller - sind dabei oft mit auf der Party.

22.04.2517

Von Hister - ausgesprochen: Histäär - und Hitler: über Parasynchronizität und Nostradamus (1503 - 1566 n.Chr bzw. 2003 - 2066 n.A./nach der Achsenzeit). Aufgrund der persönlichen Parasynchronizitätserfahrung, die sogar Begriffe aus dem "zukünftigen" Gesichtskreis in die Gegenwart des Träumenden holt, und Überlegungen und Berichte von C.G. Jung, gehe ich davon aus, dass Nostradamus solche Synchronizitäten erfahren hatte, dass der nostradamische Begriff "Hister" [Histäär] die realistische falsche Übersetzung von "Hitler" ist, sowohl einer realen Parasynchronizitserfahrung als auch einer realistischen Verzerrung entspricht - ungefähr das muss herauskommen, erlebt ein westeuropäischer Mensch des frühen 16. Jahrhunderts in Form eines traumhaften Schnappschusses das frühe 20. Jahrhundert Westeuropas. Bei ihm übertunnelte die Parasynchronizität nicht nur 4 Jahre, sondern 4 Jahrhunderte - entsprechend verzerrt, fremd und "unverständlich" für den Betroffenen sind die Eindrücke, die flüchtig gesehenen Begriffe des Visionsinhalts. Nostradamus wird also nicht verstanden, nicht unbedingt ganz präzise erinnert, vor allem im Wachzustand wiedererinnert haben, was ihm parasynchron widerfuhr, und es in seinem Narrativ, das christlich-astrologisch dominant war, in aller Vagheit und Verzerrung, festgehalten haben. Vgl. den Artikel zu Nostradamus von 1953 in der ZEIT, in der auch auf die Bedeutung von C.G.Jung hingewiesen wird, der, wenn auch kurzzeitig eine Nähe zu den Nazis entwickelt hatte (wie eine Legion anderer Akademiker), offen war für parapsychologische Phänomene, und, dabei, meistens, bei Sinnen blieb - vorbildlich jedenfalls in seinem Aufsatz "Synchronizität", die hier auch "Parasynchronizität", "parasynchrone Erfahrung" genannt wird.

09.04.2017

Zum Stichwort "Synchronizität" (nach C.G.Jung): Siehe "Über die Anfänge BoD" Teil 1, Seite 593-595. Dort wird "Synchronizität" von C.G. Jung am ausführlichsten behandelt, mit Zitaten aus seinem gleichlautenden Aufsatz von 1957, der, zum Beispiel, im Band 3 vom "Grundwerk von C.G.Jung in 9 Bänden" (Olten 1984; Paperback) nachgedruckt wurde. Weitere Hinweise zu "Über die Anfänge BoD", Ergänzungen zum Personenverzeichnis, inhaltliche Korrekturen, etc. siehe weiter unten.

21.04.2517

Zu Allmacht und Genesis Änigma, vgl. Über die Anfänge BoD, Teil 1, S. 424.

21.04.2517

Begräbnis oder Kehre. Erde und Asche (abrahamisch) oder Wasserung und Hinterlassung eines Genstücks (genesianisch). Wenn wir noch mehr zurück kehren wollen, müssen wir ins Wasser, nicht in die Erde zurück kehren. Mir ist es egal, kannst du sagen, ob das, was ohne mich von mir geht, Land- oder Wasserwürmer fressen.

Die Seele ist eher wasser- als erdartig. Interessanterweise nahm das Judentum die Bedeutung des Wassers, in dem sich der Heilige Geist spiegelte, in ihre Genesis auf. In der Taufe durch Wasser spiegelt sich das "andere Reich", die andere Genesis.

20.04.2517

Zu Permingation und emanzipatives i, Griesgram, Botho Strauss, Akommunikation als persönliche Erfahrung, s. Textende.

19.04.2517

Ostern sollten wir umfunktionieren zum Gedenktag an die Ebioniten.

19.04.2517

Über Ebioniten. "*So fasst dann Origenes alle Judenchristen* [später kamen Heidenchristen dazu] *als Ebioniten zusammen, unterscheidet aber zwei Arten, ..., von denen die einen die Geburt von der Jungfrau annahmen, die anderen dagegen lehrten, Christus sey geboren wie andere Menschen.*" (RTK, Bd. 3, 1854, S. 624) Da Origenes ein paulinisierter Christ war, ist die erste vielleicht die erdichtete?, die zweite jedenfalls die ebionitische. Das erste Fakt (Jungfrauenwunder) als Postfakt, das zweite als Fakt, das historisch keine Chance haben wird. Gerade die Mythisierung des Jesus, je grösser die zeitliche Entfernung zum historischen wurde, desto grösser wurden die Wunder..., machte dessen Reiz, dessen mediale Überlebens- und Anschlussfähigkeit aus.

19.04.2517

"Der Sektenname Ebioniten ....hat auch in der Neuzeit mancherlei Deutung und Wendung erfahren, ..., so dass er am Ende nicht bloss als Judenchristentum, sondern auch mit Urchristentum überhaupt identificiert ist." (RTK, Bd. 3, 1854, S. 621). Was nicht sein darf, möglicherweise aber den Kern der Sache trifft, aus postabrahamischer, postpaulinischer Sicht.

19.04.2517

Um eine Ahnung vom Ebionitischen - hier synonym mit Urchristentum - zu kriegen, reicht der aktuelle Wikipedia-Arikel (04.2017) bei weitem nicht. Weil nach "offizieller" Christentumshermeneutik verfasst, obwohl anklingt, was "ebionitisch" in historischer Tiefe und Breite bedeuten könnte. Zum Einstieg in das Thema empfiehlt sich das massgebliche Lexikon der protestantischen Bibelwissenschaft des 19. Jahrhunderts, die Realencyclopädie für Theologie und Kirche (1805-1882, Bd. 3; 1854): Zum einen ist in der damaligen Zeit die paulinische Zensurvorgabe und Prägung selbst bei Wissenschaftlern, die sich "atheistisch" nennen, besser als heute erkennbar, zum anderen arbeiteten an diesem Werk vor allem protestantisch paulinisierte Theologen und Bibelwissenschaftler - zensiert und zugelassen, bevor sie zulassen und zensieren, nach dem Motto: was nicht sein darf, darf nicht sein. Das heisst, um den Artikel, den sie produzieren, zu lesen (informativ zu machen), muss ihre ideologische Prägung mitredekonstruiert werden.

18.04.2517

Faktisches und postfaktisches Christentum. Redekonstruktiv ermittelbar ist es, dass die ebionitische Linie das faktische, die paulinische Linie das postfaktische Christentum repräsentieren, also eines, das fast nicht mehr vorhanden ist, deutlich mehr dem Christentum entspricht, als eines, das fast ausschliesslich vorhanden ist. Das postfaktische, das populistische, mit Hass gegen das Altjudentum aufgeladene (vgl. 1 Thess 1), von Paulus angeführte Christentum- das auch die Evangelien dominierte und redigierte, das wurde mehr und mehr zu "dem" Christentum: in ihm kehrte Jesus mindestens als kurze Epiphanie zurück, in ihm regierte der "Zorn Gottes" und bald auch eine Erbsünde und ein Gott mit undurchsichtiger Vergebung, dieses postfaktische Christentum trug den Sieg davon und permingierte und verdrängte die ebionitische Linie. Man hätte es also heute beim sogenannten Christentum mit einem fast vollständigen postfaktischen, populistischen Theater zu tun.

18.04.2517

Es gibt bis heute keine postabrahamische, nicht-ideologische, religionswissenschaftliche "Bibel"-Edition. Anhänger und Funktionäre der abrahamischen Ideologie dominieren immer noch dieses Editionsgeschäft.

18.04.2517

Abrahamische Zänsuren. Es gibt bis heute keine postabrahamische, historisch-kritische Koran-Edition. Im 19. Jahrhundert gab es erste Versuche dazu. Zum Beispiel die Reihenfolge der Suren nach ihrem Alter, nicht nur nach ihrem Ursprungsort (Medina/Meka) einzuordnen, wobei diese Einordnung bereits eine grobe zeitliche, in modernen Koran-Kommentaren zu finden ist. Die endgültige Sakralisierung und Anordnung des 114-Suren-Korans, inklusive Vernichtung älterer Koranversionen, erfolgte angeblich unter Kalif Uthman Ibn Affan ungefähr zwei Jahrzehnte nach dem Tod Mohammeds im Jahr 11.n.H. [nach Hidschra], 632 n.Chr. [nach Christus], 1132 a.A. [after Axialage/nach der Achsenzeit]. Das älteste erhaltene Koran- Fragment mit Suren 18 und 20 stammt aus dem späten 7. Jahrhundert n.Chr. beziehungsweise 11 Jahrhundert n.A.. Der aktuellste Versuch im deutschsprachigen Raum, den Koran historisch zu redekonstrieren und kontextualisieren, eine Art Propädeutik zu dieser Arbeit, ist der von Angela Neuwirth (2010). Das was für das Christentum die nicäische Zäsur und Zensur (Zänsur) ist, mit Vernichtung und/oder Ausschliessung von urchristlichen und apokryphen Schriften, ist für den Koran die uthmansche Zäsur und Zensur (Zänsur).

18.04.2517

Zur Redekonstruktion des Urchristen-Evangeliums durch Wissenschaft und Poesie. Der Versuch eines Urchristen-Evangeliums scheitert an der "nicäischen Zänsur", verspricht erst postabrahamisch ein Erfolg als kreative Arbeit des Geschichtswissenschaftlers und Geschichtenschaffers zu werden: eine Re(de)konstruktion der vorliegenden Evangelien/Apokryphen-; Ebioniten-und andere Urchristen-Zeugnisse; Paulus- und Pseudo-Briefe; Apostelgeschichten, Offenbarung - und wird eine Arbeit sein, die eine ganz andere Linie zwischen eher "ursprünglichen" und eher "abwegigen" Texten zieht. Soviel ist sicher, das, was an den Rand gedrängt wurde und darüber hinaus, u.a. die Ebioniten, rückt dabei ins Zentrum, und das, was in der offiziellen Bibel im Zentrum liegt, u.a. Paulus, an den Rand.

18.04.2517

Denkst du Luther zu Ende, denkst du über das Ende dieser Bibel.

18.04.2517

Pietät gegenüber dem historischen Jesus und seiner wahrscheinlichen Akommunikation ist ungefähr das Gegenteil von Bibeltreue.

18.04.2517

In einer postabrahamischen Ära wird abrahamische Religion anders referiert und Religion, auch abrahamische, anders praktiziert als in einer abrahamischen, spätabrahamischen Ära, dasselbe gilt für eine postbuddhistische Ära und asiatische antike Religionen aus der letzten Achsenzeit.

17.04.2517

Auf dem Privatsender n-tv läuft die Pseudo-Doku "Der Jesus-Code. Das Turiner Grabtuch", wie immer an christlichen Feiertagen, und in der FAZ wird ein Jesus-Film rezensiert mit Ewan McGregor in der Hauptrolle, der durch Star Wars weltbekannt wurde: "40 Tage in der Wüste". In späteren Zeiten wird festgehalten werden, dass das Christentum nichts unversucht liess, um seine Legenden in Millionen von Köpfen am Leben zu halten, dabei immer mehr in den Mythen-Kitsch abdriftete und mit ihm diese Köpfe. Denn Pseudodokumentationen dieser Art, die eine als TV-Doku für grosse Privatsender, die andere als Hollywood-Spielfilm für Kino, TV, Internet und CD aufbereitet, haben mit dem historischen Jesus ungefähr soviel zu tun, wie Obi-Wan-Kenobi mit der Wirklichkeit.

17.04.2517

Genesianische Aufklärung und Unterhaltung. Eine genesianische Gesellschaft würde weder "Der Jesus Code" noch "40 Tage in der Wüste" produzieren, aus unterschiedlichen Gründen:den Dokumentarfilm nicht, weil er den Aufklärungsansprüchen und dem Niveau der Ideologiekritik dieser Gesellschaft nicht genügte, den Spielfilm nicht, weil er zu wenig pietätvoll wäre, dem historischen Jesus zu wenig Respekt zollte, dafür zuviel der Drehbuchvorlage des Paulusfreundes Markus und anonymer Präpaulaner. Akzeptabel wären solche Filme, wenn sie statt einer virtuellen Naturalisierung im Kopf zu erzeugen, eine kritische Hinterfragung und aufklärerische Denkbewegung auslösten, ideale genesianische Unterhaltung wäre also eine, in der das Vergnügen nicht gänzlich auf Kosten der Vernunft ginge.

16.04.2517

Die Normalisierung der Religion. Theologie gehört nicht an Universitäten, sondern Religionswissenschaft.Religions(ausübungs)freiheit nicht in einen eigenen Verfassungsartikel, sondern in den Artikel über/zur Meinungs- und Gedankenfreiheit.

16.04.2517

Die Normalisierung der Religion. Religionsausbildung kann in staatlich kontrollierten, von den Religionsgemeinden mitfinanzierten Organisationen stattfinden (Teilfinanzierung über einen staatlichen Ausgleichsfond für Religionsgemeinschaften, der nach Grösse der Mitglieder umgelegt wird. Bestimmt wird diese Grösse durch Angabe der Religionsgemeinschaftszugehörigkeit in der Steuererklärung. D.h. alle, die diese Angabe machen, zahlen Religionssteuer und werden ihrer Religionsgemeinschaft als Mitglied hinzuaddiert. Ausserdem steht der Weg der Spende offen - eventuell verboten für Ausland und beschränkt in der Höhe (Modell Österreich). Religionsgemeinschaften können ihre Mitglieder auffordern, neben der Spende, die Religionssteuer zu zahlen - für sie und ihre Kinder - , da sich das für sie rechnet.

16.04.2517

Die Normalisierung der Religion. Genesianische Religionsphilosophie als Religionsgemeinschaft. Um in Deutschland eine Religionsgemeinschaft zu gründen, geht es juristisch zunächst ähnlich zu und her wie bei der Gründung eines eingetragenen Vereins. Es braucht eine

Mindestzahl an Gründerinnen und Gründern. Der ganze organisatorische Umtrieb (Protokoll, Kassenwart, Präsident, etc.). Genesianische Religion hätte dann "Religion" zu liefern, publik zu machen, dafür sie Mitgliederinnen und Mitglieder gewänne. Sie müsste vom Staat anerkannt werden, um, falls einmal eingerichtet, am Ausgleichsfond für Religionsgemeinschaften partizipieren zu können und als gemeinnützige Organisation eingestuft und steuerbefreit zu werden. Vielleicht ist es zunächst gescheiter, eine Homepage einzurichten mit Veranstaltungskalender und Spendenmöglichkeit. Genesianisches Gedankengut weiter zu entwickeln und bekannt zu machen. Im Moment ist es fast völlig unbekannt. In diesem Sinne unpopulär. De facto ist es aber nicht unpopulär.

15.04.2517

Ich will dir aufzeigen, in was du hineingerätst, hineingeraten wirst. Du bist informiert und gewarnt worden. Ich rade dir ab, krudes Zeugs zu glauben. Das ist abergläubiger Kindergarten.

15.04.2517

Um ein kompetenter Christ zu sein, musst du ein kompetenter Jude sein - also das Alte Testament gut kennen. Der Zorn Gottes bei David feiert bei Paulus seine Urständ. Und so weiter. (Die Saulusse, die Jesusse waren alles Profi-Juden, die lebten Jahre und Jahrzehnte im Ideologieraum des Tanach).

15.04.2517

Irrgänge des Papstes. Wenn der Papst first order sagt: "Paulus sagte...", sollten das, second order, übersetzt werden in: "Die Paulus-Redaktion schrieb..." Das war kein Sekretär anwesend, der für die Nachwelt die Äusserungen von Jesus, äh, Paulus protokollierte - vielmehr ein Paulus, der nicht mehr zurück konnte und wollte in das alte Judentum des Saulus, sondern nur noch mit voller Kraft in das neue, das das alte Testament in die "Jetztzeit" überführt - und von dem und dessen Überführung ungefähr 7 "echte" Briefe überliefert sind (Römer, 1 u 2 Kor, Gal, Thess).

15.04.2517

Der Wirbel des Christentums. Der erste Brief an die Thessalonicher 1 gilt als "älteste erhaltene Schrift des Neuen Testaments, ca. 50/51 n. Chr." (ZB/Zürcher Bibel, 2007, S 326) Paulinisches Frühwerk (herausfinden, wo es liegt, wann und wie zum letzten Mal untersucht. Gibt es nicht-christliche, also objektive Quellen zu Paulus?). Interessant für uns ist der ZB-Kommentar dazu, den allerdings nicht postabrahamische Religionswissenschaftler, sondern christliche Theologen, verfasst haben: "Der auferweckte Christus wird die Erwählten (nur sie...), die dem Evangelium (Abschrift nicht erhalten, ein Urevangelium? irreführende Formulierung, das Evangelium der vier Apostel gab es erst Jahrzehnte später, für "Evangelium" steht auch die Bedeutung "Heilsbotschaft/Frohe Botschaft") glauben schenken, vor dem kommenden Zorn Gottes retten (...)."
- und weiter: "So leben die Glaubenden bereits jetzt (...) in der Gewissheit der zukünftigen Rettung". Der Kommentar kommt in diesem Satz den Ebioniten nahe,

die sich nicht "vor dem kommenden Zorn Gottes" fürchteten, vielmehr auf das Kommen Gottes freuen, auf die Fortsetzung ihres Happenings, die ersten Christenhippies, die vor den Paulinern erschraken und von diesen exkommuniziert und fast gänzlich ausgelöscht wurden (und mit ihnen Spuren des historischen Jesus, dem Paulus nie begegnet ist). Und was heisst: bereits jetzt sich wie himmlische Wesen benehmen. Wie benehmen die sich? Unter anderem entsexualisiert "nächstenlieb". Paulus betont und bedankt sich bei denen, die seiner Auffassung folgen, betont wie später Mohammed, dass das von ihm verkündigte Wort wie Gottes Wort zu empfangen sei. Als ob er mit Abrahams Gott einen direkten Draht pflegte, als ob es ihn akommunizierte wie Jesus, theoretisch gesprochen: als ob er Akommunikationen kommuniziert. Auch der Satan ist nicht weit entfernt, "denn wir wollten zu euch kommen, ich, Paulus mehr als einmal, doch der Satan hat es verhindert." Davor hiess es zu den Juden: "Diese haben den Herrn Jesus getötet und die Propheten, sie haben uns verfolgt, sie missfallen Gott und sind allen Menschen feind, weil sie uns daran hindern, den Völkern das Wort zu verkündigen, das ihnen Rettung brächte." Kurzum: Der Satan Jude verhindert uns, er ist der Feind der Menschheit. Denn es wird ein "Zorn Gottes", des jüdischen, bald Gott von jedem und jeder, *unterstellt*, vor dem mensch sich "retten" müsse. Man bringt also den Menschen die "Bedrohung", von der sie noch nichts wussten, und verkauft ihnen gleich die "Rettung", von der sie ebenfalls noch nichts wussten, mit. (Autosupposition ist das Fundament des Abrahamismus). Soviel dazu, was in Über die Anfänge als inter-jüdischer Kampf beschrieben wird, gekämpft wird mit den härtestens Bandagen - Paulus hasst und denunziert die Juden, die Juden hassen und denunzieren Paulus. Ohne grosse Mühe ist auch hier die Gleichsetzung von Satan und Juden, Juden und Satan erkennbar, wie 50 Jahre später im Johannesevangelium. Vergleiche aber auch bei Matthäus, wo das Muster des Verhörens und Versuchens durch den Satan mit dem durch einen Rabbi identisch ist. Wie gesagt, Christentum ist ein Ausbund dieser Auseinandersetzung, der von Verteufelungen, Selbstunterstellungen, Verfolgungen, Bedrohungen, Verheissungen, Einflüsterungen gegen den kommenden Einflüsterer (Natürlich! Das ist der Schlimmste! Dann ist das Ende der "Welt" nicht fern....) durchdrungen ist - und kann das noch so virtuell kappen und verschönen, es bleibt dem internen Kampf zwischen Alt- und Neujuden und der Endzeit- und Judenhass- Diktion, in der Wunder Juden, nicht nur die Vernunft, kränken, demütigen, herabsetzen sollen, und sektiererischer Autosupposition verhaftet. Paulus speisst seine Energie aus ihr, aus Kampf, Verfolgung und Flucht, mindestens, wie aus seiner Gottesüberzeugung. Die Energie des alten Judentums und Römertums gegen die neujüdische Sekte richtet diese wie durch asiatische Kampfkunst gegen sie. Wenn die Niederlage durch den Tod des Jesus für das Neujudentum besiegelt scheint, also der Sieg des alten Judentums und Römertums, dann verwandelt Paulus, eine Hardcore-Gruppe von Altjuden hassenden Neujuden, sie durch die "kleine Auferstehung" um in den Sieg des Christentums. Sie geben sich nicht geschlagen, sie schlagen zurück: wenn ihr uns ermordet, werden wir umso lebhafter wiederkehren, wenn ihr uns behindert, werden wir umso vehementer unseren Weg gehen. Wir haben uns zu weit aus dem Fenster gelehnt für unseren

Messias, es gibt für uns kein zurück mehr in das alte Judentum. Und so weiter. Leute, die sich in diesen Wirbel, in diesen Kampf begeben, nennen sich "Christen", "Christinnen", und kämpfen und drehen ihn virtuell quasi weiter und weiter. Eingedreht und angekommen in der zweiten abrahamischen Überlegenheitsekstase. In einem kulturell gepflegten Irrsinn einer abrahamischen Grosssekte.

15.04.2517

Das Theater Vatikan. Der Papst spricht auf first order, gleich wie wenn wir sagten: "Hamlet sagte..." und spielt eine Rolle, eine Performanz, wie dieser auf der Bühne, er verlebendigt eine Bühnenfigur, eine Textfigur. Diese First-order-Verlebendigung gehört zum Performanzcharakter, nicht übertrieben ist es, den Vatikan ein Theater zu nennen.

15.04.2517

Erdogans Irrgänge. Der Wohlstand der Türkei hat auch damit zu tun, dass Deutsche in Deutschland Fahrräder "Made in Turkey" von einer französischen Warenhauskette kaufen. Dass die Türken und Türkinnen nicht strenggläubig in die Moschee gehen, sondern dass Atatürk das Land säkularisierte und öffnete. Erdogan hat da entweder etwas falsch verstanden oder schlechte Historiker als Berater. Die hat er auch, redet er von einem "faschistischen Europa" und davon, dass Europa "den" Islam nicht wolle. Nun, erstens, unsere Linke redet ebenso schnell von faschistisch oder von Nazis, ist dieses Gerede durch Wiederholung nicht besser, sondern nur noch hohler geworden so wie Neonazitum ausgehöhlter, Xenophobie in Nazi-Kostüm und Nazi-Nostalgie, zweitens will Europa nicht jeden Islam - so wie Erdogan nicht jeden Islam will - glaubt er, der sunnitische sei "der" Islam, glaubt der Iraner, der "schiitische" sei "der" Islam, selbstverständlich will Europa keinen, der Europa untergräbt, in dem die Moscheen in Europa gegen Europa, gegen Demokratie, gegen Meinungs- und Religionsfreiheit predigen, was nach einer aktuellen Reportage häufig der Fall sei. Das muss aufhören, das muss eingestellt werden. Tatsächlich wollen wir solche Moscheen und Glaubensauffassungen nicht. Allerdings ist der Erdogan-Islam nicht das letzte Wort im Islam, hat dieser ein ähnliches Problem wie das zersplitterte Christentum. Vielleicht kann Europa helfen, beiden Abrahamismen die Türen zum Islam und Christentum des letzten Wortes, des Testaments, zu öffnen - das sich von der antiken Referenz seiner Texte wo es hier noch Teufel und Sklavinnen, dort noch Römer und Hohepriester gibt, und der Auffassung, andere töten zu müssen für das eigene Heil, löst, und nur noch die Gemeinsamkeiten vor dem gleichen Gott, dem Gott Abrahams, als diesem würdig betrachtet, alles andere als zu menschlich und zu niedrig - egal, ob der eine, Mohammed, seine göttliche Akommunikation als menschlicher Ankündiger kommuniziert - auch hier gibt es Auffälligkeiten, die nach Opportunität und Zeitgeist aussehen, etwa dort, wo es um seine Ehefrauen oder um Mekka als "Haus Abrahams" geht (worauf Islam-Kritiker nicht aufhören, hinzuweisen) - oder ob der andere, Jesus, seine als menschlicher Ankündiger, stellenweise aber auch als Sohn des Angekündigten anpreist. Bei Jesus als Christus als Figur von Evangeliumstexten schwankt das zwischen beiden Positionen, de facto auch bei Mohammed, dort, wo er sich mit Allah in einem Namen nennt, fast auf die gleiche Stufe stellt. Persönlich akommuniziert zu werden von einen anderen Wesen, im religiösen Kontext ausgelegt als von ihrem höchsten, steigt unvermeidbar zu Kopfe, leiht dem eigenen und dem als "göttlich" in das eigene gelegte Wort stärksten Rückhalt.

14.04.2517

Machtpolitik und Abrahamismus zwei in Deutschland. Aus machtpolitischen Gründen befördert die CDU die Verchristendümmelung der Öffentlichkeit, unterstützt von ARD und ZDF, in dessen TV-Serien wimmmelt es von TV-Pastoren und TV-Nonnen, neben dem TV-Dauerdienst von Kriminalkommisarinnen und Polizisten - auch das eine ethnologische Absurdität, zumal Auffälligkeit - mit Distanz betrachtet. Der CDU-Innenminister sprach davon, Christen und Christinnen, also auf gleiche Weise religiös Ideologisierte, bevorzugt in die Dienste zu stellen. Lange sah die CDU das "C" als Bremmsschuh an. Nicht gut, für ihr Image als moderne fortschrittlich Partei, heute ist es das Handycap einer aufgeklärten Gesellschaft, an der die CDU machtpolitisch nur beschränkt interessiert sein kann. Kein Wunder, dass Musterchristen wie Lanz und Petra Gerster, neben Muster Transatlantikern wie Claus Kleber die öffentlich-rechtliche Tagesszene beherrschen, immerhin repräsentieren sie gut die Hälfte der deutschen Bevölkerung, die diese Ideologisierung mitträgt, zumal konditioniert angeeignet hat. Ein postabrahamisches, grosseuropäisches Gegenwartsszenario sähe anders aus, stelle andere Leute ein - wird von einem Teil der anderen Hälfte der Bevölkerung vertreten - medial und politisch untervertreten. Die ideologische Verchristlichung der CDU folgt machtpolitischem, nicht religiösem Kalkül, wird auch die Flüchtlingspolitik von Funktionären und Ideologen der christlichen Kirche auf die Mühlen der CDU gelenkt. Dabei passt das theologisch komplizierte Konstrukt Nächstenliebe, das einem innerjüdischen Kampf in der Antike entstammt, nicht hierhin, wie überhaupt vielleicht dieses sogenannte "Christentum", wie es heute betrieben wird.

14.04.2517

Ostern 2017. Der Papst müsste eigentlich schweigen, wollte er das "was Jesus für uns getan" habe, wahrhaft würdigen. Denn, postabrahamisch religionswissenschaftlich gesehen, wir wissen nicht, was er "für uns" getan hat, nur, dass judaisierte Ebioniten vielleicht die direkteste indirekte Quelle zum historischen Jesus sind, die weder von dem Irrsin der Ursünde, unterstellt unter alle Menschen, noch von dem Irrsinn des Märtyriums, dass er dafür am Kreuz erlitten habe, wussten - vielmehr fröhlich glaubend sich freuten, dass, nach Matthäus, "der Tag der Tage nahe sei". Der seiner und seines Vaters Rückkehr mit dem Himmelreich, in das sie alle eingingen in Ewigkeit. Amen. Indessen der Papst folgt der paulinischen Überschreibung und Version, die nach der Ermordung des Jesus "das" Christentum mit und dank dem erwähnten Kunstrgriff, mit und dank dem erwähnten Irrsinn, "rettete", eine seit dem 4. Jahrhundert offizielle Version, die Luther noch um eine Wendung vertiefte, so dass, um es drastisch zu formulieren, dem

Urchristentum spätestens durch die Luther, die Zwingli, die Calvin im 16. Jahrhundert ganz der Garaus gemacht wurde - denn Luthers Theologie war nicht urchristlicher als christlich, bloss paulinischer als paulinisch. "Schweigen" kann der Papst nicht, er muss ständig von einer Akomunikation kommunizieren, denn das, "was Jesus für uns getan" hat, war vielleicht auf seine ganz eigene Weise von ihr zu reden, über sie zu kommunizieren. Dass er sie gehabt zu haben behauptete, war schon eine Ungehörigkeit, dass er sie als Jude messianisch auslegte, ebenfalls, aber naheliegend. Für die einen Juden eine Ketzerei, für die anderen Juden, bald auch Nichtjuden, ein Hoffnungsschimmer. Und zwar von ganz anderer Aktualität getragen, als bloss von papierener.

13.04.2517

Dem erzkonservativen Abrahamismus drei ist das Geld zu Kopfe gestiegen, mit dem wir ihn mit Billionen von Dollars seit Jahrzehnten fluten. Es wird höchste Zeit, dass dieser Fluss eingestellt wird, der auf nicht viel mehr Leistung, als aus Hahn aufdrehen und Hand hinhalten, besteht. Deswegen kann er sich auch gleich bleiben, nur deswegen.

13.04.2517

Abrahamismus drei permingierte zwei und eins - entwickelte auch ein Mass an Pionierenergie in seiner primären Domäne, die allerdings später stagnierte. Abrahamismus zwei permingierte eins - und entwickelte später enorme Pionierenergie, teilweise, wenn nicht hauptsächlich, dank der Absetzung vom Abrahamismus. Abrahamismus eins gegenpermingierte zwei im Laufe der ersten beiden Jahrhunderte nach Jesus-als-Christus (in diesr Zeit entstanden die Talmude zum Beispiel).

12.04.2517

Selbstverstärkung von Pionierentwicklung durch Permingation und Adaption. Permingation (Piratierung, Kopierung, mimetische Nachschaffung) von Neanderthalerwaffen durch Homosapiente - solche wurden in Afrika entdeckt, jedoch keine Neanderthalerreste - könnte die Ausrottung der Neanderthaler verstärkt haben. Ironie des Schicksals, deren Waffen sollten dies verhindern, vielleicht waren sie wegen ihren Waffen, weniger Frauen, aber Revieren und Höhlen, Objekt homosapienten Permingations und Raubmordbegehrens. Raubmord und Vergewaltigung ist ausgebrochene Permingation, Permingation der "verkappte" kleinere Bruder davon und davor. Permingation (Revieraneignung durch Überpinkelung kann auch durch heimliches Ausspähen und Klauen, durch Verrat des Rezeptes, durch übertölpende Tauschaneignung geschehen, die Übermacht kann so gross sein, dass die Permingierten am Leben gelassen, oder gefangene Frauen zu Arbeitskräften versklavt, nur die Männer getötet werden - Permingation fungiert hier als Selbstverstärker der Pionierenergie der "Feinde", diese permingierten die Neanderthaler durch Vertreibung, Vernichtung und Vergewaltigung ,wie auch eigene Besetzung, Beraubung (Technologieverbesserung) und Reviervergrösserung - sie frasen die Neanderthaler nicht nur mit Haut und Haaren, sie einverleibten sich deren Waffen und Revier, allenfalls auch Arbeitskraft. Neanderthaler, die vielleicht selber Krieg gegen Homosapiente führten, lebten sie nicht in friedlicher Koexistenz getrennt von einander. Mit der Bevölkerungs- und Migrationszunahme ging das im europäischen Kontinent immer weniger gut oder immer besser, wuchs die Kontakt- und Konfliktfläche zwischen den beiden Rassen. Vgl. die Bemerkungen zu Mark Zuckerberg weiter unten, ein jüngeres Beispiel aus unserer Industrie, wo starke Permingationsenergie die stärkere Pionierenergie verstärkte.

12.04.2517

Über die Anfänge von allem. Es ist keine Frage, warum Bill Bryson für "Eine kurze Geschichte von fast allem" (engl. 2003, dt. 2004) den Aventis-Price for Science Books 2004 erhalten hat, diese Geschichte unserer exzentrischen Pioniere der Wissenschaft ist spannend und liesst sich spannend. Allerdings sind von heute (04.2017) aus gesehen, die Grenzen dieses Buches mit jenen der damaligen Archäogenetik und Paläanthropologie konform und deutlich sichtbar geworden, lagen 2003, zum Beispiel, noch nicht die Resultate der Neanderthaler-Studien von Vernot, Akey: *Resurrecting Surviving Neandertal Lineages from Modern Human Genomes.* In: *Science.* 29. Januar 2014, und die Folgestudie von McCoy, Wakefield und Akey: *Impacts of Neanderthal-Introgressed Sequences on the Landscape of Human Gene Expression.* In: *Cell.* Band 168, Nr. 5, 2017, vor -. auch nicht der Stammbaum-Entwurf von Chris Stringer (Nature, 2012) und die Hammer/Tishkov/Studien von 2011 und 2012 über archaische Menschengenome eines ausgestorbenen afrikanischen Frühhumanoiden, dessen Nachfahren Europa und Asien nicht ereichten, davor isoliert ausstarben und antihybrid ausgerottet wurden. Für einen Überblick über die Konfusität und Empirie der aktuellen Forschung: siehe Wikipedia: "Genfluss archaischer Menschen zu Homo sapiens" (04.2017).

12.04.2517

Abschied von der Archethese? "Über die Anfänge" des Humanoiden und die These, dass der moderne Homosapiente durch die Dialektik von Hybridisierung und Isolation entstand. Im Unterschied zu Stringer (2012) wird hier vorgeschlagen, erstens, die Isolationsgrenzen von Urunterarten der heutigen Homosapienten stärker zu beachten, die dazu führten, dass in Asien und in Südafrika Urhumanoiden deutlich andere Entwicklungen durchmachten als Zeitgenossen in Westeuropa und im Nahen Osten, zweitens, die Hybridisierungsthese zu stärken, einen *isolierteren* als auch *hybrideren* Menschenanfang zu denken, ausserdem den Denisova-Menschen den D-Neanderthaler zu nennen, der wie der W-Neanderthaler (W = Westeuropa) von einem afrikanischen Urneanderthaler abstammen könnte. Ebenfalls und deshalb sinnvoll scheint es, dass beim afrikanischen Archehumanoiden - von einer weiblichen Urgruppe war die Rede - von einer Abspaltung und/oder simultanen Evolution von mindestens drei Ur-Unterarten auszugehen ist, eine davon ist nicht über den Rand Afrikas gekommen (der Sub-Sahara-Mensch), sie wurde überlebt von mindestens zwei anderen Ur-Homosapienten, die eine nennen wir "Homo errectus", er war vielleicht der Ur-Neanderthaler oder dessen nächster Ahne, der über die Grenzen Afrikas kam, aus ihm spalteten sich, - u.a. bedingt durch Raumisolation und Fluchtwanderung mit genotypischen Konsequenzen - , die "moderneren" Unterarten W- und D-Neanderthaler ab. Der andere afrikanische Urhomosapientenstamm, der sich irgendwann mehr antihybrid als hybrid zum anderen verhielt, war der Homo cannibalis, eine Art Urhomosapiens, die vielleicht "Homo heidelbergensis" oder ihr nächster Ahne gewesen war, auch sie isolierte und hybridisierte sich erfolgreich, allenfalls antihybridisierte sie sich immer mehr, und spaltete sich der W-und der A-homo sapiens ab (A steht für Asien). Der A-Homosapiens besitzt einen stärkeren Neanderthalerhybridanteil als der W-Homosapiens, der die Verdrängung und Ausrottung des W-Neanderthalers, hier ganz Erbe des "Homo cannibalis", wahrscheinlich forscher und konsequenter als jener betrieben hatte (betrieben haben musste) - somit auch seine Isolation und Selbstzucht: aus ihr stammt der letzte, der moderne "Homo sapiens" (ca. 200 000 Jahre alt), insofern ist vielleicht von zwei modernen Homosapienten auszugehen, die sich sehr ähnlich sind, jedenfalls als Alternative zur Ein-Homosapienten-These, die, wie diese, in Zukunft entweder empirisch gestützt oder falsifiziert werden wird. Denn sollten sich weitere Unstimmigkeiten ergeben durch sehr alte Funde ausserhalb Afrikas, ist von der "Afrika-Arche-Theorie" Abschied zu nehmen, begann sich der Urhumanoide simultan an mehreren Orten der Urkontintente ungefähr vor 1,5 bis 2 Millionen Jahren zu entwickeln, gleich wie der afrikanische, der aus zwei, drei Stämmen entstanden sein könnte und 1. durch Hybridisierung und

Kulturaustausch mit anderen, 2. durch Ausrottung und Permingation von anderen und, 3. durch Isolation vor anderen (Flucht), sich entweder evolutiv enorm entwickelte, potentierte oder auf einen Holzweg manövrierte.

12.04.2517

Interessant ist ja bei Bill Bryson (2003), dass nach dem Kapitel über Urmenschen (Kapitel 29. Der unermüdliche Affe), das Kapitel 30 (Auf Wiedersehen! Good bye!) folgte - eindrücklich schildernd, dass und worin der Homo sapiens ein ausserordentlicher Ausrottungsspezialist war. ("Damit stellte sich die Frage, ob das Verschwinden von Tieren in der Steinzeit und in jüngeren Zeiten zu einem einzigen grossen Aussterbe-Ereignis gehört - ob Menschen, kurz gesagt, für andere Lebewesen grundsätzlich etwas Schlechtes sind." S. 594). Allerdings verbat er sich, Kapitel 29 und 30 dort und da zusammen zu bringen. Geht es mit dem systematischen Selberdenken nicht sehr weit bei Bryson.

12.04.2517

Evolution macht dort Fortschritte, Sprünge, wo die Permingation gross ist und die Pionierenergie noch grösser.

11.04.2517

Zum archaischen Hintergrund der Permingation: mit meiner Duftmarke, mit dieser Reviervergrösserung durch Überpissung und Wegpissung, die Weibchen dieses

Reviers hinzugewinnen, an Attraktitvität für sie gewinnen und mehr Männer dominieren. Eine Dominanzgeste hinterlassen, die eigne Überordnung und die Unterordnung des Permingierten permingieren (in Abwesenheit, symbolisch) - die Permingation soll ja nicht entdeckt werden, sie riskiert sonst gegenpermingiert zu werden. Der Permingierer kann dann alle Vorteile der Permingation und mehr verlieren. Er gerät gefleddert und bis auf die Unterhose abzogen in die Pissspur der Gegenpermingation (die Revanche des von ihm Überpissten und der von ihm angepissten Öffentlichkeit fallen/fällt über ihn her).

11.04.2517

Permingation weist in die Ebene, in der mitten im Geistigen, im Hochgeistigen, Archaisches, archaisches Revierverhalten von Löwenmännchen, aufersteht, primitive Vorgänge ablaufen. Ich will das jetzt besitzen: mit dem Revier eigne ich mir dessen Weibchen an. In die Wurzel des Schreibers, des Schreibpimmels, der sein Revier schafft, wenn er Text macht. Der die Reviergrenze markiert, wenn er Inhalte schafft. Also das, was bei Derrida "übergangen" wurde, und immer unterlaufend mitlief, eigentlich auch von Nietzsche (bei ihm genauer hinsehen, ob oder was er dazu schrieb).

09.04.2517

Permingieren liegt in der Grauzone von Täuschen (anderen etwas vormachen), Lügen (anderen etwas vorenthalten), Betrügen (vor anderen falschen Eindruck erzeugen) und Stehlen (ungefragt etwas von anderen nehmen), das fremde Revier überpissen, den fremden Revierherr wegpinkeln, ist Erschleichen und Übergehen von jemandem und dessen "Etwas", das zur Permingation anregt, anregt, es seinem Revier zuzuschreiben, es permingativ anzueignen und auszuweisen vor aller Öffentlichkeit, brutal, verächtlich, verblüffend, frappierend, dreist offen erscheint die Permingation im "Idealfall" nur dem Permingierten, dem Übergangenen, dem Überpinkelten, dem Überschriebenen, dem Übermarkierten - der Permingierer geht eher erschleichend vor, äh nlich wie der promovierende Plagiierer, die promovierende Plagiiererin in den 1970er Jahren, die jedoch bei der Entdeckung des Plagiats "geliefert" sind - nicht so der Permingierer, hier spielt die Asymmetrie der Macht eine viel grössere Rolle, deshalb hoffend, dass der Permingierte die Permingation nicht bemerkt oder wenn, nichts unternimmt, nicht nachhaltig störend interveniert, ja, vielleicht sogar sich sicher und abgesichert genug wähnend und wissend, dass er "nichts machen" kann, dass dieser seine Überpinkelung, seine Aneignung, seine Nutzung, seine Ausnutzung "geschehen lassen muss".

09.04.2517

Das hochgestappelte, das aufgestappelte Leben, Geistesleben, des Permingierers.

09.04.2517

Der Permingierer eignet sich an, was er selber nicht zu schaffen imstande war, deswegen verrät er sich selber, fremdelt er um das, was er nicht selber ist - Bekannte von ihm, Beobachter seiner Biographie erkennen das. Die Permingation macht ihn verletzbar, ist seine Schwachstelle, die gerade durch die Permingation gestärkt werden sollte. Das gehört zum Paradox, in das sich der Permingierer durch die Permingation bringt.

09.04.2517

Permingation ist ideal, wenn die eigene Marke die fremde Marke - Reviermarke, Grenzmarke - komplett überschreibt, übermarkiert, darunter verschwinden lässt. Was selten der Fall ist.

09.04.2517

In der Permingation ist das Permingierte oft nur für den Perminigierten erkennbar. Spürt und fühlt nur der Permingierte die Permingation. Er ist deshalb darauf angewiesen, die Öffentlichkeit darauf aufmerksam zu machen. Der Perminigerer stellt seine Permingation meistens in der Öffentlichkeit aus. für ihn ist sie das beste "versteck". Dass sie "angepinkelt" wurde, beginnt sie dann zu empfinden, macht sie der Permingierte glaubwürdig und vernehmbar darauf aufmerksam. Der Permingierer muss dann nicht nur die Gegenpermingation des Permingierten, sondern die Übellaunigkeit der Öffentlichkeit fürchten. Er gerät in den Verruf, zumal Verdacht, sich mit fremden Federn zu schmücken, sich wichtiger zu machen als er ist, eitel und gierig zu sein. Als Angeber, als Hochstapler des Geistes sich seinen Marktwert in der öffentlichen Aufmerksamkeit geschaffen, ja, ergaunert und erschlichen, zu haben.

09.04.2517

Zuckerberg konnte nicht komplett gegenpermingiert werden, weil seine Pionierenergie deutlich grösser war als seine Permingationsenergie, das wussten, anerkannten auch die von ihm Permingierten wahrscheinlich, so wie den Check, den sie dafür von ihm forderten und erhielten.

09.04.2517

Die Piratenpartei ist auch an sich gescheitert, weil sie die Dimension der Permingation nicht begriff, ausblendete und verdrängte.

09.04.2517

Die meisten Menschen sind keine Permingierer, in der Schule und Wissenschaft wird Permingieren geächtet und aberzogen, zumindest kommen viele nicht in die Versuchung, in die Situation, in die günstigen Umstände einer Permingation. Permingationsenergie und kriminelle Energie sind sich ähnlich.

09.04.2517

Permingation bedeutet, das Revier, das Leistungsrevier, eines anderen, durch unsichtbare symbolische Über- und Wegpissung, durch Markierung der fremden mit der eigenen Marke, den Inhalt, die Inhalte für eigene Zwecke und Reviervergrösserung, komplett anzueignen (einzuverleiben), ohne das fremde Revier zu anerkennen, das bedeutet, es komplett permingieren (lat. permingere - dt. überpissen), den anderen "darunter" möglichst komplett verschwinden zu lassen (zu fressen, zu schlucken - Permingation als eine Art Manducation (lat. manducare /essen/fressen), doch das Revier, die Marke darunter verschwindet nicht völlig, hinterlässt eine Spur, trotz der Überspurung, gibt und ging/geht sie deren Spur vor... Ausserdem zeichnet Permingation immer einen Sekundärakt aus, Permingation ist auf Pionierreviere angewiesen, die sie permingiert (um daraus z.B. ein Buch zu machen, dass das Pionierrevier komplett "überpissen" "wegpissen" soll...). für den Permingierer gleich dem Risiko, das seine Permingation entdeckt wird, das nicht ganz verschwindet. Permingieren funktioniert nur, wenn entsprechende Permingationsumstände gegeben sind, also mit grossen Sanktionen, mit nachhaltigem Widerstand, mit öffentlicher Aufmerksamkeit desselben, mit abträglichen Konsequenzen, nicht zu rechnen ist. Permingation geht oft heimlich von statten oder so, dass sie nur der Permingierer und die/der Permingierte erkennen. Das geistige Bein über eine fremde Reviermarke zu heben und die eigene Marke über die fremde Marke geistig setzen - bei Permingation schwingt Verächtliches, Niedriges, Geringschätzendes, mit dem Schreibpimmel Ausgeführtes mit - das Gegenteil von offener Anerkennung eines Pionierreviers, einer Pionierleistung (zum Beispiel in Form von Zitation, Nennung, Zuschreibung oder Meidung allzu grosser Annäherung). Die grössere Macht zum Missbrauch einer schwächeren für den Ausbau der eigenen, des eigenen Reviers, ausnutzen - das zeichnet Permingation aus.

////////////In diese Richtung geht oft der Streit um Copyright, Urheberrecht, darum, wem die Pionierleistung wirklich gehört und wer mit ihr sich dopt und ausstaffiert, um sich noch glänzender darzustellen, Permingation versetzt den Permingierer in eine glänzende Position, die ein wenig nach Urin stinkt, während der oder die Permingierte sich enteignet, gekränkt, ausgeraubt, übergangen, überpisst fühlt. Permingation hat etwas von Vergewaltigung.

09.04.2517

Möglicherweise wird Permingieren zu einer metakriminellen Sucht, die den Permingierer immer mehr entstellt, wie die Sucht des Narzistischen vor dem Spiegel, immer schöner zu werden, und je mehr Schönheitsoperationen vorgenommen werden, desto entstellter wird das Gesicht, was der Süchtige aber nicht mehr sieht. So sehen am Ende permingierte Texte, permingierte Geistesreviere aus (Mark Zuckerberg versuchte andere Ideenschöpfer für "Facebook" zu permingieren - oder "bloss" zu plagiieren? kreativ zu beklauen? - , bekanntlich zahlte er, als die sich dagegen wehrten, eine hohe "Strafe" bzw. aussergerichtliche Abfindung dafür, seitdem sieht sein Werk weniger "genial" und "selbstgemacht" aus, de facto der Wahrheit entsprechender, und fehlen ihm paar Dollars. Bei Zuckerberg liegt keine "klassische" Permingationssituation vor - die Permingierten lebten im gleichen Reviermilieu mit diversen Wehr- und Sanktionsmöglichkeiten. Ausserdem hatte Zuckerberg grössere Pionierkraft und - ideen, nicht nur grössere Permingationsenergie als die von ihm Permingierten, er konnte mit dem Revier, das sie schufen, und er permingierte, mehr als sie anfangen, egal, auch diese Permingation als eine Art "unfriendly overtake" half ihm, weiter zu kommen, mit dem Risiko ihres Protestes, ihres Widerstands gegen die verächtliche Überpissung, Übermarkierung, Überschreibung. Anstatt also die anderen Reviere und Grenzmarken zu permingieren, gilt es, sie zu respektieren, sie mit dem ihnen gebührenden Respekt zu begegnen (die Gebühren an der Grenze zu bezahlen, sie nicht einfach zu übergehen und das Revier mit der eigenen Marke zu versehen - kurz das Bein dafür heben).

09.04.2517

Google mit Google "Über die Anfänge" (April 2017). Das eine, das nur annäherungsweise "Über die Anfänge" heisst, findest du sofort, das andere, das voll und ganz "Über die Anfänge" heisst, kannst du dort lange suchen.

07.04.2517

Menschen, die nicht ins TV-Format passen. Nicht in Lanz-Sendungen. Nicht in Moor-Sendungen. Nicht in TV-Interviews. Die kameraphob sind oder TV einfach nicht mögen. Die nicht die geringste Mediengeilheit verspüren, eher Abscheu davor. Die du studieren musst oder mit denen du auflebst. Die dir täglich begegnen.

07.04.2517

Unsere TV-Wichte. Gemessen an dem Grad der Wichtigkeit von TV für die Gesellschaft.

07.04.2517

Unsere Wichte vor dem Spieglein, Spieglein an der Wand, wer ist der wichtigste im ganzen Land.

07.04.2517

Der arme Redaktor. Du bist vielleicht nicht ausserordentlich originell und kreativ, aber ausserordentlich ehrgeizig gemacht worden und beleidigt vom Leben, und willst über die Anfänge von allem schreiben - hast dir also eine originelle Idee angetan, die für dich, ohne genuine Ader des Philosophen, der Philosophin, zwei Nummern zu gross ist. Also sammelst du Sekundärliteratur - kopierst und montierst von Originellen, was das Zeugs hält. Im Idealfall kommt ein sekundär-enzyklopädisches Kompendium über diverse Forschungsstände zustande, das schnell hinter das Niveau von Wikipedia fällt oder von Wikipedia, in das laufend laufende Forschungen eingehen, überholt wird. Um das zu verhindern, wärst du gezwungen, deinen Wust aus fremden Federn "origineller" zu machen, mit Philosophie zu toppen oder zu dopen. Immer mehr von Ehrgeiz verzerrt - dass du nicht als Philosoph geboren, sondern ein Feuilletonredaktor bist. Das reicht dir plötzlich nicht mehr - so ähnlich wie Sloterdijk nicht mehr reicht, dass er in Deutschland die Königin vor dem Spieglein, Spieglein oder ein Professor für Politik nicht Machiavelli, sondern ein Machiavelli-Spezialist ist.

06.04.2517

Der Permingierer wird geniale Ideen suchen und mit aller Macht versuchen, liegen Permingationsumstände vor, sie permingativ anzueignen. Von der kriminellen Energie, von der Gier, von der Gewalt mit der eines Raubmörders oder Serienkillers vergleichbar, aber sublimiert in das Reich des Geistestäters für die Unsterblichkeit des eigenen Namens. Wir übertreiben.

06.04.2517

"facem posteris omnibus accenderes" - das gilt für mein Cogito viel mehr als für eure Autopsie, war die Mitteilung des Descartes an jene Szene, der er am meisten zu verdanken hatte, aus der er kam und die er überwand, überwunden zu haben glaubte, aus der Medizin zur Philosophie, aus dem anatomologischen zum logischen Raum, gar theologischen, trotz aller Unähnlichkeit und Ausdehnung konnte er die Diskursverwandtschaft mit dieser an Realität des Körpers orientierten Autopsologie nicht loswerden, nur dank ihr diese Transformation ins Bewusste, Logische, Räumliche an sich, vornehmen, deswegen war die Trennung zwischen res extensa und res cogitans von vornherein sekundär, das "res" immer schon das Verbindende, Verwandte, Vermittelnde, Einformende daran, ähnlich wie das mit dem Cogito immer verbundene Latein.

06.04.2517

Als einer der ersten - im Jahr 1664/1665 - setzte der Niederländer Cartesianer Adriaan Heereboord Descartes und Bacon als jene zusammen, die "zum Studium des Buches der Natur" zurückgeführt hätten. Als ob das "Anatomische Zeitalter" seit Vesal (1543) und das astronomische seit Kepler und Galilei, nicht schon längstens angefangen hätte. Das zeigt, wie tatsächlich forschungsfern von der "Natur", autopoietisch isoliert und selbstlaufend blind und abstrakt, aber verbreitungs- und anschlussfähig, diese Rezeptionen und Diskurse von Philosophie und Theologie gewesen waren. Mit dem Konstruktivismus à la Judith Butler ist es nicht besser bestellt, wobei er sich, und das ist neu, Folge des "linguistic turns", der "Natur" dieses Buches der Natur widmete.

06.04.2517

Descartes wurde bewusst gegen Bacon aufgebaut, zumal gefördert. Louis XIII und Richelieu wollten England nicht das Feld der neuen Philosophie alleine überlassen. Nationalismus avant la lettre war hier Nationalismus avec la lettre ("Privilege du Roi"). Deutlich später, hauptsächlich nach seinem Ableben (1650 - vielleicht von einem Jesuit vergiftet, der drei Jahre später auch Naudé umbringt), wurde der Cartesianismus hier und dort exkommuniziert.

06.04.2517

Der grösste Permingator in der modernen Philosophiegeschichte ist Descartes. *"wollte nur (...) zeigen...auf welche Weise ich versucht (...) habe, die meine* [Vernunft] *zu führen..."* (1637). Dabei wird überhaupt nichts gezeigt und aufgedeckt. Erbe und Zerstörer des libertinen Stils - kaum ein anderer verschwieg andere und heuchelte soviel, wie der, der "die" Methode der Wahrheit qua "des richtigen Vernunftgebrauchs" propagierte - um auf galante Weise möglichst "alles" aus einem Guss und Ich geschaffen aussehen zu lassen. Hemmungslos permingiert wurden die Riolanisten (1632), die Naudés, Patins, - die, siebzig Jahre später, mit den "Patiniana/Naudeana", herausgegeben von Pierre Bayle, Amsterdam 1703, zusammen mit diesem, die "eigentliche" Aufklärung einläuteten - und gemeinsam 1632 die zwei Riolans würdigten, die im "Labyrinth" des komplexesten Objektes: des Menschen mit entzündeter Fakel methodisch und aufklärend hindurchfanden und -führten. So heisst es 1632.... "*facem posteris omnibus accenderes* .... für die ganze Nachwelt hast du die Fackel entzündet ...., *qua duce liceret per tot cadaverum labyrintheos plexus*...durch welche als Führerin es uns möglich gemacht wurde.durch das labyrinthische Geflecht der Kadaver, "*per tot....partium occultos meatus, per tot musculorum, nervorum, venarum meandros....*" durch die verstecktesten Teile, alle Muskeln, Nerven, verzweigten Gefässe...hindurchzufinden...".

In diesem Gestus jener Fackel, die für die Nachwelt entzündet wurde, - nicht weniger soll der "Discours sur la méthode" sein - jedoch für den lebenden, nicht den toten Menschen, inszenierte sich Descartes Vivisektionismus des Ichs, dessen "entzündete Fackel" und OP-Messer "Zweifel" hiess, um damit durch das Labyrinth der Welt, des Geistes, in dem man bis auf seine Knochen geht, mit "sicheren Regeln" hindurchzufinden. So glaubte Voltaire, irrtümlicherweise, was später viele taten: "avant lui on n avait point de fil [Faden] dans ce labyrinthe." Hält dann aber gegen Descartes (1753) fest: "*c était beaucoup de détruire les chimères du péripatétisme. quoique par des autres chimères.*"[Grosses Stück, Chimären des Aristotelismus zu zerstören, wenn auch durch andere Chimären]. Man kann sagen, Voltaire verarbeitet hier den Kater nach der Descartes-Euphorie. Von den Riolanisten keine Spur. Descartes permingierte ihren anatomologischen Pfad, diese "entzündete Fackel" und Vorbildfunktion aus der autopsischen Medizin, die er, als guter Beobachter und Schüler dieser Szene, auf seine autopsologische Philosophie übertrug. Da sie mittlerweile in Verruf geraten war, atheistisch oder libertin, zu sein, konnte er das riskieren, übrigens, nicht zuletzt durch Mersenne (1624), mit dem Descartes befreundet war, beide besuchten das neue Jesuitengymnasium La Flèche. Descartes permingierte diese methodisch, logisch aufklärend vorgehende Autopsie - was "Selbstbeobachtung" heisst- am Schluss des Discours sogar ein zweites Mal mit der Erwähnung, für den Rest des Lebens suche er "*Erkenntnisse der Natur zu erwerben, dass man aus ihnen Regeln für die Medizin ziehen kann, sicherer als diejenigen, die man gegenwärtig hat.*" (Suggestiver kann nicht insinuiert werden, mit der aktuellen Medizin nichts, aber rein gar nichts zu tun zu haben, gleichzeitig andeutend, wie wichtig und nahe dem Autoren philosophische und medizinische Beschäftigung sind) Ausserdem möchte Descartes nur für allgemeinnützliche Erkennisse arbeiten, nicht für solche, *"die einigen nur nützen können, indem sie anderen schaden.*" (2001, S. 143). Auch hier wird - im neuen Ton der höfischen Bigotterie - , eine Blendgranate gezündet für eine abstrakte Medizin - um sich nicht mit konkreter zu beschäftigen, - von forschender Anatomie und Physiologie zu schweigen, - 1628 erschien Harveys Abhandlung über Blutkreislauf, sie objektivierte eine weitere "neue" Methode -, die aus der tatsächlichen Natur des Menschen schon länger

Erkenntnisse zog, die "sichere Regeln" oder "richtige Beobachtungen" abzuleiten erlaubten. Stattdessen wird sie pauschal als nur gut genug, um nach descartscher Manier erkannt und ersetzt zu werden, abgetan, kein Wort von Innovationen der praktisch-empirischen Medizin im Bereich unserer Geburts- und Wundnatur (Geburtszange, Amputationstechnik, etc.)- das hätte die tollkühne Geste, ja, megalomane Beflügelung gestört - die an Bacons epistemische "Tabula rasa" (1620) erinnert -, aus einem Ich und Guss, nicht nur die Philosophie, sondern die Anatomie und Physiologie, Biochemie und Biophysik neu zu begründen, zu erforschen, zu erkennen, somit auch die Regeln für Medizin "neu" und "richtig" abzuleiten. Diese grosse Geste inszenierte nicht nur der englische Zeitgenosse und Konkurrent auf seine Weise, sondern 100 Jahre vor Descartes, Paracelsus, aus dessen Medizin, die wie eine entzündete Fackel dem "Irrgang der Medizin" (Labyrinthus medicorum, 1538) ein Ende bereiten sollte, auch nicht viel wurde, was als Verbesserung objektiver Prüfung standhielte, und ebenfalls antike Chimären (z.B. Säftelehre) durch neue ersetzte (z.B. Quecksilber). Descartes beschäftige sich bis ans Lebensende (1650) mit Medizin, Blutkreislauf, usw., und erkannte, zumal ahnte zu Recht, dass in der Medizin seiner Zeit noch viel im Argen und Dunkeln lag, dass sie nicht über die Erkenntnisse und Regeln verfügte, um so gut zu sein, wie sie es wünschte, wohl aber dabei nicht aufhörte, wäre hinzufügen, auch im 17. Jahrhundert gregorianischer Zeit ihre Erkenntnisse und Praxen zu optimieren, ihre Entdeckungen in der Anatomie und Physiologie fortzusetzen, neue Techniken wie die mikroskopische Analyse und Umgangsformen mit dem Patienten zu entwickeln. Vgl. Descartes, Écrits physiologiques et médicaux, Paris 2000 und die grosse Arbeit von Vincent Aucante (2006), der wie Descartes - nur nicht so galant und durchtrieben, wissend und permingierend wie dieser - Etliches, was Vorgänger und Grenzen von Descartes Werk und Originarität betrifft, ausliess, ausserdem nicht viel mehr als ihm weiterhin auf den Leim ging.

//////////////////Voltaires Kritik an Descartes ungeerdeter, abgehobener "Fabuliererei",

05.04.2517

Geistige Rudelwesen, geistige Herdentiere in Grossrevieren. Reviermarkieren - seines, meines, ihres, unseres. Regeln des wissenschaftlichen Revierumgangs. Plagiieren und Permingieren verbieten. Anschluss an Anerkanntes, das fremde Revier grosser Pioniere mit Respekt "begehen", die Markierung achten, den Eintrittszoll - Ort, Name, Adresse des Revierinhabers adressieren, kommunizieren - bezahlen.

05.04.2517

Permingationsverbot in der Wissenschaft. Permingieren ist das, was man im wissenschaftlichen Revierumgang nicht will, die Reviere wollen respektiert und sauber gehalten, nicht verächtlich überpinkelt, werden, in der Permingation steckt das Gegenteil von respektvoller offener Anerkennung, sie ist heimliche, verschwiegene, verächtliche Anerkennung von jemand anderem. Am besten für den Permingierer, weiss nur der Permingierte, dass er überpisst wurde - nur er und der Permingierte wissen es - . Diese anerkennungslose Anerkennung, diese symbolische Überpissung und Wegpissung, dank welcher der eigene Glanz glänzt - nur von ganz nahe würde man riechen, dass dieser Glanz, in den die Permingation den Permingierer versetzt, ein wenig stinkt - , kann eines Tages von anderen entdeckt werden, Sie fühlen sich dann selber etwas betrogen, um nicht zu sagen angepinkelt - Permingation birgt Risiken - bei Seminararbeiten und kleinen Blogs scheinen die klein zu sein - haben auch Doktoranden in den 1970er Jahren geglaubt, dass ihre Plagiate - Permingationen waren wohl kaum darunter - in der Gutenberg Galaxis, weil sie so gross ist, nicht entdeckt werden - bis die Zeiten der digitalisierten Bücher, bis die Suchmaschinen kamen. Bis die Blogs kamen und die Books-on-Demand-Verlage - und die stumm gestellten Stimmen hörbar wurden. Permingation funktioniert heute nicht mehr gut. Lohnt sich nicht mehr. Lohnt sich immer weniger. Wird aber weiter gemacht werden aus Ruhmsucht, aus Profilneurose.

05.04.2517

Schreiben als Reviermarkieren und Revierschaffen auf einem Blatt Papier. Auf einem Bildschirm seinen Raum, Leseraum, Rezeptions- und potentiellen Permingationsraum, erschreiben. Mit eigener Duftnote des Geistes ein Revier bilden, ein Revier des Eigengeistes markieren, einen Raum mit seiner Schreibe charakterisieren - als das eigene im Unterschied zu anderen. Pionieroriginelle Ideen in Buchform - Platons Werke zum Beispiel - haben ein viel grösseres Revier als nicht so oder gar nicht originelle. Pionierwerke werden jahrhundertlang kopiert, rezipiert, reproduziert - sogar permingiert.Sie überleben das. /////Geistiges in der Sprache heisst Revier markieren, Raum schaffen, besetzen mit der eigenen Marke, Signalisation und Signatur. Das Revier-Schaffen und -Markieren durch Schreiben sei "Revieren" genannt. Revieren als Pionier oder als Permingierer ist etwas völlig anderes - der Permingierer von Pionieren wird zur Pionierkopie, bietet aber neue Variationen an, mutiert, transformiert das Original. Der Rezpierer tut das offen, zeigt an, wo es nicht seines ist, der Permingierer gibt alles als seines aus.

05.04.2517

Pioniere sind in der Minderzahl, Kopierer und Permingierer (von Pionieren) in der Mehrzahl.

05.04.2517

Permingieren mit dem Schreibpimmel, dem Reviermarker des Geistes. Geht aber auch mit der Schreibritze, mit dem Schreibbusen des Geistes. Wobei das sehr eingemännlicht ist, durch Jahrhunderte männliche Revierarbeit im Schriftarchiv, Frauen können sich und sollten sich davor besser bewahren. Das digitale Zeitalter kommt ihnen entgegen, rottet Plagiieren und Permingieren mehr und mehr aus.

05.04.2517

Über Permingation im Feuilleton. Über das Perminigieren - Beklauen, Todschweigen und als "Eigenes" Markieren, damit zugleich sich Brüsten und

Stärken (Dopen) im Philosophie- und Drehbuchgeschäft. In der Autoindustrie. In der Grauzone von Copyright und Urheberrechtsschutzlosigkeit. Permingieren bringt einen archaischen Zug in das Geistige, Schreiben in fremdem Revier, dabei sein Revier markieren, sich "seins" Behaupten oder behaupten, es sei seines. Markieren macht Übermarkieren möglich, sogar permingieren (überpissen, wegpissen, auslöschen, ein fremdes Revier mit einem Reviermarker "restlos" aneignen, wie im Kampf um Reviere durch Markieren den Gewinn, das Eigene, das Gewonnene, eigentlich den Tod des anderen, das obsiegende Eigenleben, markieren -ein Revier, das von einem Konkurrenten permingiert wird. Seine Permingation allenfalls gegenpermingieren.

05.04.2517

Antikaube oder der Möchtegerne. "Über die Anfänge" (...von allem) fing als Blog 2014 an, hatte im Mai 2015 einen Reload, dann folgte der Übergang zum Buch im Februar 2017 ("Über die Anfänge" BoD (2 Teile) - irgendwann wird Kaube, der FAZ-Nachfolger von Frank Schirrmacher, der a) den Blog las und b) vermutlich gerne las, auch auf die Idee gekommen sein ein Buch über "Die Anfänge von allem" zu schreiben. Dass dieser Blog das Konzept über die Anfänge von allem zu schreiben, verfolgt, muss Kaube offenbar grossartig gefunden haben. So etwas Grosses wäre Kaube selber vielleicht nie in den Sinn gekommen....(vielleicht kannte er dafür Bill Bryson s "Eine kurze Geschichte von fast allem" ...soviel zur permingativen Ausrede, er hätte "Über die Anfänge" nicht - Pinkel, Pinkel... -, Bill Brysons Geschichte sehr wohl gekannt...) . Nicht nur

Kaube, pardon, Schirrmacher, fand das Konzept grossartig - und dass mein Blog regelmässig mit dem Haschtag "FAZ" publiziert wurde - bei Twitter, wo Kaube auch ist - muss irgendwann Kaube, der bei #FAZ arbeitet und mit dem Haschtag #FAZ twittert, bemerkt haben. Die Wahrscheinlichkeit dafür ist eher gross als gering. Man kann aber auch solche Wahrscheinlichkeiten überpinkeln, permingieren, mit Leugnung. (Lat. permingere = überpissen). Dann wird so getan, wie er nicht wüsste, dass es diesen Blog gibt. Und selbst wenn. Man muss ja nicht jede gute Idee selber entwickelt haben, es reicht, hat sie ein anderer entwickelt und lässt mensch sich von dieser Konzeptidee "inspirieren" : die Frage ist, ab wann geht inspirieren in plagiieren über, wann wird Ideen denken Ideen klauen? Ab wann wird Ideenklauen sogar permingieren? Also das Überpissen, der Versuch, den originären Ideenproduzent völlig zu überdecken, wegzuspritzen, vergessen zu machen, sich ganz und gar an dessen Stelle, die eigene restlos über dessen Reviermarke, zu setzen? Überpissen mit der eigenen Reviermarke, mit dem Schreibpimmel - um zum Beispiel aus einer Seminararbeit mit dem Titel "Derrida, der Ägypter" sein eigenes Buch mit dem Titel "Derrida, ein Ägypter" zu machen, den fremden Titel mit dem eigenen permingieren... - ohne, dass der Seminarist dagegen einen Plagiatsvorwurf wirklich erheben und durchsetzen könnte - ohne sich am Ende nicht selber zu beschädigen, sich peinlich zu machen. Das Hierarchiegefälle auszunutzen, auf Kosten eines anderen, "niederrangigen", "unbekannten".. vor allem dann gelingt Permingieren gut, ja, es findet eigentlich nur dann statt, wenn der oder die andere in einer deutlich schwächeren Position ist - sich gegen die sich öffentlich vollziehende

Permingation kein Gehör verschaffen könnte, mit einem Plagiatvorwurf nicht weit käme, ihm dieser am Ende vielleicht auf die eigenen Füsse fiele oder wenn er tot ist, sein Revier für Grabräuber aller Art - ohne Wache und Wehr - offen steht, all das definiert einen idealen Umstand für Permingation, die Idee, die man sich permingativ "aneignet", erfolgreich mit der eigenen Marke zu markieren, als eigene Feder zu schmücken - ohne das die Tarnung entdeckt, der Ideenklau angezeigt, öffentlich angeklagt wird - ohne das ein äquivalentes Achten des anderen, eine Rücksicht auf die Sanktionsfähigkeit des anderen, stattfindet, stattfinden "muss". Eigentlich eine Aneignung einer Vorgabe und Vorlage vorzunehmen, ohne Würdigung und Dank, ohne Gegenleistung für den, dem das primäre Verdienst zukäme - all das ist Teil der Permingation - im Bereich des Film-Ideen-geschäfts wird permingiert was das Zeugs (nicht) hält..... Mehr wollen wir im Moment dazu nicht sagen. Die Sekundären eifern den Originellen nach. Immer. Das lohnt sich. Schmücken, laden, stärken, dopen sich eine Zeit lang mit Ideen, die sie selber nicht hatten, machen "das Beste" daraus, blasen sich darüber auf. Dabei fangen sie sich in der Paradoxie, durch Kopie dem Originellen einerseits näher zu kommen, andererseits ferner zu bleiben - weil ihnen nie ganz vergessen geht, dass sie im Kopiermodus "originell" sind, dass sie permingativ vorgingen, nicht im Originärmodus die erste Marke im Neuland setzten. Sie sind nicht Pioniere, ihre scheinbare Pionieridee ist bloss eine Permingationsidee, die nie ganz abdichtet, inkontinent, sie selber anpinkelt, weil der Geist des anderen nie ganz verschwindet, spukt und spuckt. Das einzige richtige Verhalten ist, den Ideengeber zu nennen, seine originäre Leistung anständig zu würdigen, dann sucht dich auch nicht sein Gespenst heim - doch für viele ist gerade das zuviel des Aus dem eigenen Schatten bzw. In den eigenen Schatten Treten - denn aus dem wollte man ja mit allen Mitteln - Betonung auf: "allen" - kommen, Permingation ist ja auch eine Art Doping - unlauterer Ideenwettbewerb zwischen solchen, die originär in die Ewigkeit rennen und solchen, die, mit Doping aufgeblasen, eine Zeit lang, mitrennen wollen- origineller aussehen wollen, als sie es sind. Dabei produzieren sie in ihrem Scheinerfolg eine Art unglückliches Bewusstsein. Sie mögen das Bein noch so oft heben. Nie werden sie ganz vergessen, dass darunter eine andere Marke stand, von einem Bein, das sich lange vor ihnen hob und das längst woanders ist, dass sie ihm hinterherschnüffeln müssen, er nicht ihnen hinterschnüffeln muss für das eigene "Ego - Im Spiel des Lebens".

04.04.2517

Reentrische und singuläre Zukunft ist ähnlich wie Leben oder Tod. Das, was als eigentliche Zukunft verstanden wird, hat und ist eigentlich keine.

04.04.2517

Kommunikation ist internodial und reentrisch. In dieser Weise in der Zeit aufgeteilt. Uralt und noch nicht hier.

04.04.2517

Drastisch formuliert, wir teilen die Zeit nicht nur in Vergangenheit, Gegenwart und Zukunft auf, es teilt uns in diese Zeiten auf.

03.04.2517

Zum Teil findet hier die Fortsetzung von "Über die Anfänge" statt, Fortsetzung des zweiteiligen Paperbacks mit 1230 Seiten/2 Teile. Selbstverständlich ist eine überarbeitete, korrigierte Neuauflage geplant. Die hat mit der Blog-Version noch weniger zu tun. Der Anfang von "Über die Anfänge" befindet sich am Ende von Teil 2., in dem der Begriff "Reentrizität" entwickelt und angewendet wird. Auch die Begründung dafür, warum dieser Text der globalen, religionsneutralen Datierung 2517 nach der Achsenzeit, nicht 2017 nach Christus, folgt - einer postabrahamischen Sichtweise auf die abrahamischen Religionen und postbuddhistischen auf die asiatischen.

02.04.2517

Komplex als Reentrizitätskomplex (verinnerlichte Verhärtung). Der Komplex als falsches Reentry, das chronisch verharrt, das, statt durchfliesst, monoman zirkuliert, statt Kräfte entfaltet, unproduktiv leidenmachend bindet, heilbar durch heilsame "Deentrisierung"? Freud aktiviert und supervisiert auf der Couch "personale Redekonstruktion", die genesende Wirkung haben soll auf den Patienten, die Patientin - dabei folgt er seinen (falschen) Schablonen und fügte neue hinzu, angeblich durch "Selbstanalyse" erschlossen - die Irrtumsanfälligkeit ist dabei enorm. Vor allem war

Freud enorm belesen, kannte er die innovative französische Literatur zur Psychologie des 19. Jahrhunderts besonders gut, vermutlich sogar Jacques Duval, der 1615 pionieraufklärerisch über Libido und Geschlechtstrieb schrieb.

02.04.2517

Freud hat nicht alle seine Quellen offengelegt, womöglich. Lieber alles seinem Genie und dessen "Selbstanalyse" entsprungen inszeniert. Diese Inszenierung war allerdings üblicher Habitus, narzistischer Habitus. Allerdings war seine kreative analytische Kraft so gross, dass dieser bei ihm eher sekundär. Zwar war er kein überdrehter Autodidakt, wohl aber eine Art Selbsterfinder in einer autopoietischen Bewegung, er erfand die Psychoanalyse und ihren psychoanalysierten Psychoanalytiker.

02.04.2517

Der überdrehte Autodidaktiker. Bei Frauen fällt das überdrehte Autodidaktische auffälligerweise meistens weniger auf - vielleicht weil sie eine viel längere Zwangskultur des Autodidaktischen durchmachen mussten als Männer? Diesen Zustand viel länger als ihren Alltag erlebten als Männer? (Jahrhunderte, in denen Frauen Zugang zu Schreiben und Lesen, und das heisst, zum Archiv und zur Gesellschaft der Produktion von Schreiben und Lesen regulär verschlossen war)

//////Maler Bacon war einer der überdrehten Autodidakten in der Kunst, ungeschult geschult, wild intellektualisiert, begabt, mit entsprechenden Bildungslücken und Bildungsüberfüllen, malte er sich Bild für Bild in die "ewige" Kunst- und Bildergeschichte - im Unterschied zum verwöhnten Picasso, der vom Maler-Papa schon als Dreijähriger zum Wunderkind dressiert wurde, die klassische Schule durchmachte und ungefähr mit Zwölf den Papa an die Wand malte. Picasso war sonst getrieben, aber sicher nicht als überdrehter Autodidakt - letztlich war das auch nicht der begabte, vom Malen als kreativen Prozess, als Bildungs-und Bebilderungs-Befriedigung getriebene Bacon - der von Picasso in der Anschauung und Bewunderung mehr lehrte als von seinem Vater, von dem es kaum etwas anzuschauen und zu bewundern gab. Der getriebene, überdrehte Autodidakt ist eine besondere Spezies von Profilneurotiker und Selbsterfinder - zeitweise gehörte ich ihr selber an - nur vielleicht nicht neurotisch über das "normale Mass" des sich suchenden Jünglings, weil sozial und persönlich privilegiert - , dennoch war ich intellektueller Autodidakt, weiter in vielen Dingen, viel belesener, viel an der Sache selbst, aber auch nicht weiter in anderen, taumelnder, schrankenloser, überdrehter, als meine Zeitgenossen, die regulär Abitur machten und ordentlich studierten (SPD Schulz ist so eine Spezies; der Netzpolitiker Beckedahl benimmt sich überdreht wie ein Autodidaktiker (kein Studium? Studium nicht abgeschlossen?), Sascha Lobo benimmt sich aber auch überdreht möchtegern - trägt vielleicht ein Hahnzeichen zuviel an sich; Plasberg hat, laut eigenen Angaben, nicht studiert, wär vermutlich gern Lehrer geworden, bastelte sich stattdessen seine TV-mediale Volkshochschule mit Faktencheck, die er "hart aber fair" nennt - , //gemeint ist ///jener Autodidakt also, der zum Beispiel viel akademischer als akademisch, ////wissbegieriger als wissbegierig, //neugieriger als neugierg// anerkennungssüchtiger als anerkennungssüchtig sein kann oder muss. Er bleibt immer angreifbarer, verunsicherter als ein etablierter Studierter, (dem er immitativ, mimetisch nachstrebt) vielleicht aber auch kreativer und erfüllt dadurch besser die Anforderungen für die Lücken, Übergänge und Neuzugänge im System, wo kreative Selbsterfinder und Selbsterfinderinnen gefragt sind, heute mehr denn je. Später holte ich Abitur nach und Studium, die Autodidaktikerqualitäten, ohne dessen Nachteile, verbanden sich mit den Qualitäten des universitären Lern- und Lehrgangs.

01.04.2517

Das Reentry von Velacquez und seinem Portrait von Papst Innozenz X (1650) - imposante Führer- und Mannsfigur - in Francis Bacons Portrait von Velacquez' Papst Innozenz X (1950) - schaurige Horror-und Krüppel-Figur -, erzeugt auch ein Deentry (eine Rückwirkung in die Zeit zurück, eine scheinbar für uns wie für die Vergangenheit nicht (mehr) erlebbare Internodation, wir nehmen nicht nur Vergangenheit anders war, sie verändert sich durch den Impuls Bacons "wirklich" - so verrückt sie sich anhört, denken wir diese "Hypothese" trotzdem durch, die internodial-reentrische Struktur des Hierseins in unserer Genesis, galt schon für Velacquez, galt schon für die Lascaux-Höhle - sie malten (in) etwas, was aus der Zukunft auf sie zukam, nicht nur, was sie gegenwärtig und in der Vergangenheit erlebten und sahen. Etwas, was sie nicht kontrollieren, beeinflussen konnten - es entzog sich ihnen so wie sie sich allmählich dem Leben in der Gegenwart entziehen. Dein Vorweggewesensein ist immer etwas, was in dir aufersteht, in dir reentrisch wird - geworden sein wird, entsprechend dem längst schon Da der Genese unserer Genesis, in der sich die subjektive Zukunft, die alltägliche Apperzeption von Zeit erfährt. Es ist schon viel nicht mehr Zukunft, als Voraussetzung dafür, dass für dich "Zukunft" wird, du erlebst, mit anderen Worten, kaum primäre Zeit, die ist prägegenwärtige Zukunft und prägegenwärtige Vergangenheit.

01.04.2517

Dass es nichts Neues unter der Sonne gäbe, ganz anders gedeutet.

30.03.2517

Marx' Geschichte als Klassenkampf ist aus Sicht der Internodations- und Reentrizitätsanalyse Geschichte von sozialen Klassen als Reentrizitätsstruktur, mehr nicht, aber auch nicht weniger.

29.03.2517

Über Kompetenz und Gutmeiner: Nach 10 Jahren autodidaktischer Beschäftigung mit Anthropologie und Immatrikulation bei Norbert Bischof (biolog.math.Ausrichtung), und 20 Jahren universitärer Beschäftigungen im weiten Feld der Geschichte - Quellenkritik, Inhaltskritik, Synthese -, einschliesslich Familiengeschichte - Opa und Oma mutterseits waren eifrige "Heil, Hitler" Rufer und Mittäter -, traue ich mir

zu, über "Genetik" und "homosapiente Art" zu reden..
Nicht aus dem "Bauch" heraus. Das gute Bonmot braucht
20, 30 Jahre Reifezeit. Das für die, die damals noch in
die Windeln machten und jetzt ihre Denunziationen
streuen zu müssen meinen. Meinen. Gemeinen.Du kannst
gerne gegenargumentieren, dann musst du aber von
verschiedenen Sachen relativ viel verstehen, um es
adäquat zu tun. Lit.Einstieg: Norbert Bischof, Das Rätsel
Oedipus. Bin kein Bischofianer, by the way, halte weder
zu viel vom Biologismus noch vom Neuronalismus -
angefangen mit Pierre Changeux, Der neuronale Mensch
(1984) bis zu heutigen Descartes-Adepten... - aber auch
nicht viel davon, dem ganz abzuschwören Richtung
"reiner" Kulturalismus und oberflächlicher
"Sozialkonstruktivismus" - die ganze "Judith Butler"-
Schiene, die sich die Finger durch Fleisch nicht
schmutzig macht und dafür sich einbildet, auf der
ethischen Höhe zu operieren, die pflegt vor allem ihre
Zwei-Kulturen-Kluft (Snow, 1959), die immer grösser
wird zur Sache. Die Kluft zwischen "human sciences"
und Natur- und Technikwissenschaft bricht, - je grösser,
je instabiler - , immer mehr ein. Zu redekonstruieren ist
sie, nicht nur zu dekonstruieren. Um es mit Kunst zu
sagen: nicht die eindimensionalen klaren
Oberflächengesichter der Renaissance, sondern die
dreidimensionierten, verwirbelten, verzirkulierten,
verschmierten Gesichter und Körper von Francis Bacon
(1909-1992) werden in "Über die Anfänge" als der
Realität entsprechender, sachlich angemessener,
betrachtet. Von diesem Welt - und Selbstbild wird hier
ausgegangen - mit offenen Ausgängen und sich
schliessenden Reentries.

29.03.2517

Zur römischen Konstruktion der "Germanen" siehe, zum Einstieg, Lund: Die Erfindung der Germanen. In: Altsprachlicher Unterricht 38 (1995), S. 93-111. Vergleiche dazu weiter unten die Bemerkung zur längst stattgefundenen "Romanisierung" der Germanen, die Rom beseitigten.

29.03.2517

Warnung: Für das, was wir hier machen, ist es für die, die sich in den Social Media "Links" oder "Rechts" nennen, zu kompliziert. Philosophie hat nicht das Tagesgeschäft der Populärpolitik zu bedienen, und wenn sich diese an ihr vergreift - das kannst du immer, aus dem Kontext reissen -, wird es ihr nicht einfach gemacht, könnte das Rückwirkungen haben, die vielleicht etwas Positives bewirken - Sie ist, ob sie will oder nicht, Inspirationsfläche hier, Projektionsfläche dort.

29.03.2517

Grosse Philosophie denkt in Gesamtverantwortungen und Tausenden von Jahren - Politik an beschränkte Verantwortung und die nächste Legislaturperiode.

29.03.2517

In jedem Menschen ist potentiell die grossphilosophische und die realpolitische Dimension angelegt. Und andere Dimensionen.

29.03.2517

Kleine Philosophie denkt: Mit welchem Thema kann ich Karriere machen. Das ist auch okay, by the way.

29.03.2517

Das "Aus dem Kontext Reissen" - etwas, was wir alle tun, was immer geschieht - bedarf näherer Analyse.

29.03.2517

Geschichtsunterricht ab 18 Jahren. Für Jugendliche unter 18 Jahren eher ungeeignet. Warnung: Tiefere Einblicke in die eigene Natur und Geschichte könnten zu (vorübergehenden) Verstörungen führen.

29.03.2517

Beschönigen wir nichts: Zeus hatte Europa vergewaltigt - der Mythos taugt nichts.

29.03.2517

Beschönigen wir nichts. Immer ist die Rede davon, dass sich Zeus in Europa verliebte, auffällig nie, dass sich Europa in Zeus.

28.03.2517

Propaganda interferiert und interkommuniziert mit Internodation, internodiert Ebenen, Geschichten,

Schichtungen von ihr - das heisst mit einem Wort: "an niedere Instinkte appellieren".

28.03.2517

Religion und Übermenschwerdungslust und Tötungslust.

28.03.2517

Allzu "religiöse" Männer, Männschen, verkrüppeln und vergeilen sich selber. Finden aber dadurch ganz "neue" Einsichten in die Umwelt - dass diese selber den gleichen Dachschaden, blinden Flecken, wie sie haben, sähen sie zuletzt.

28.03.2517

Die 2 % Neanderthaler in uns- in Norditalien 4 % - dort, am Südrand der Alpen, scheint es ihnen etwas besser ergangen zu sein - könnten ungefähr 2 % sozial aufgestachelte Geschlechts- und 98 % sozial aufgestachelte Tötungslust bezeugen.

28.03.2517

Neanderthaler-Frauen und Hybrid-Kinder wurden gelegentlich am Leben gelassen - mit ihnen pflanzten sich Homosapiente fort, Neanderthaler-Männer dezimiert und waren kaum fähig, sich mit homosapienten Weibchen fortzupflanzen - in der nächsten Generation wurden Hybride in die sich verdünnende Hybridität entlassen, diese indessen fanden homosapiente Weibchen attraktiv, "animalisch" attraktiv, so kam es zu den 2 %

Neanderthaler im Homosapiens und zum Aussterben des evolutiven Auslaufmodells. Neben den kontinuierlichen Populations-Genetik-Verteilungsmodellen, interessieren hier die mit Einschnitten, mit "Sprüngen", denn die proaktive und passive Vernichtung des neanderthalischen Erbgutes war weit grösser als die proaktive und passive Erhaltung desselben.

28.03.2517

Ein Minimum an Neanderthaler - zum Beispiel ein Teil der Muskelstruktur - hat sich in der Fortpflanzung von Homosapienten als stabil vorteilhaft erwiesen. Hat die Physisteme gar kein Rassebewusstsein? Was dann? Durchwandert sie nicht dauernd die Grenzen ihrer Art und prägt damit eine Wanderspur?

28.03.2517

Als die Neanderthaler-Ausrottung stattfand, bessassen die Homosapienten schon unausrottbare Neanderthaler-Gene. So ähnlich wie: als die Römer von Germanen-Stämmen überrannt wurden, waren diese Germanen längst teilromanisiert.

28.03.2517

Reentrizitäts- und Internodationsstruktur der Physisteme.

28.03.2517

Geschichtswissenschaft ist mehrschichtige, mehr(ge)schichtige Internodations- und Reentrizitätsanalyse.

28.03.2517

Analyse des Unbewusstseins ist mehrschichtige, mehr(ge)schichtige Internodations- und Reentrizitätsanalyse.

28.03.2517

Internodation. "Internodation" könnte der Prozess genannt werden - wenn unterschiedlich alte virulente Bewusstseins- und Geschichtsebenen von Menschen sich reentrisch verknüpfen, sich interferierend verstärken. Vielleicht ist die Darwinsche Selektion als Internodationsprozess zu denken. Menschen d.h. physistemische Lebewesen homosapienter Art, internodieren und werden internodiert (Knoten lat. nodum). Mit anderen Worten - wir erfinden Rassismus nicht nur nicht neu, wir haben erfolgreichen frühen "Rassismus" inkorporiert, teilweise sind wir von der Stammesgeschichte unseres "Zyklus" für die Zukunft unterschiedlich adaptions-, dh. internodierungsfähig, reentrizitätsfähig ausgestattet. Und alles, was auf "Instinktebene" operiert, ist frühe Ebene unserer Stammesgeschichte, die sich internodierend für die Physisteme als überlebensfähig und überlebensfähigkeitssteigernd, erwies. Vielleicht "lohnte" es sich, Neanderthaler teils auszurotten, teils die weiblichen zu "besitzen" (mit Gewalt zu nehmen). "lohnen" im Sinne von überlebensfähigkeitssteigernd für die eigene Sippe, Rasse - es lohnte sich, diese Gene nicht nur nicht zu lassen, sondern zu beseitigen - von einem Punkt an, lohnte sich die Versklavung und Befrohnung mehr als die Liquidation und Vergewaltigung - vorausgesetzt ein entsprechend grosses und stabiles Gefälle zwischen den Nischen (Überwerfung/Unterwerfung). Ungefähr hier setzt Hegel seine Herr-Knecht-Dialektik an, die ähnlich reduziert ist wie die Darwinsche Selektionstheorie.

28.03.2517

Lange wurde es als Mythos belächelt, dass es Kannibalismus in der homosapienten Geschichte gäbe//gebe. Archäologische Funde wie in Herxheim sorgten dafür, dass der Ernst der Realität anders aussah. Sollte es eine instinkte Hemmung gegeben haben, Artgenossen zu fangen, dann zu essen, wären die Dinge in Herxheim anders gelaufen. Und gab es eine, wurde sie durch "religiöse Rituale" aufgehoben - vielleicht hatten deshalb Inkas das Menschenopfern im grossen Stil betreiben können, sie überhoben die Schlachtplatte religiös: Sie wurden zu den Übermenschen über diesen Menschen, sie opferten sie mehr sich als "den Göttern" - sie machten sich mit diesen Menschenopfern göttergleicher. Das Töten von Artgenossen als auch ihr Fressen - das Trinken ihres Blutes oder Essen ihres rohen Gehirns - wurde kultisch überhoben (der Übermensch war im KZ der Nazi-Arier, der über Tod und Leben von diesem "Ungeziefer" von Juden und Kommunisten "frei" entscheiden konnte - man "opferte" diese "Untermenschen" der eigenen Rasse und der Zukunft eines "gereinigten" tausendjährigen Reiches... - gegessen hätte man sie nie, dazu verachtete man sie zu sehr - sie zu töten war einfach, in dem sie zu "Ungeziefer" - kurzum: zu "Neanderthalern", zu "Untermenschen" - erklärt wurden, damit wurden Moral- und Tötungs-Hemmungen gedämmt und ausgeschaltet - und sehr früher homosapienter Rassimus ein - überlagert und verstärkt durch antiken und modernen. Rentrische Potentiale aus verschiedenen "Geschichtsebenen" der homosapienten Menschheit verdichteten, potentierten, verbanden, "verschichteten" und "verknoteten" sich, "Internodation" könnte der Prozess genannt werden - wenn unterschiedlich alte virulente Bewusstseins- und Geschichtsebenen von Menschen sich reentrisch verknüpfen, sich interferierend verstärken. Vielleicht ist die Darwinsche Selektion besser, komplexer als Internodationsprozess zu denken. Menschen, physistemische Lebewesen homosapienter Art, internodieren und werden internodiert

28.03.2517

Europas steinzeitliche Friedensunion. Die Unsittte, dass Jägerhorden andere Menschen jagten, wurde, wie die Unsitte, dass fremde Räuberhorden eindrangen, von sesshaften Kulturen in Europa und Eurasien irgendwann eingedämmt, besser unter Kontrolle gebracht, durch ein Warn- und Verbündetensystem - letzte grosse "Völkerwanderung" vor 200o Jahren und Städte in der Antike und im Mittelalter, die sich mit Festungsmauern schützten, zählen zur späten Phase einer 50 000 Jahre alten Migrations- und Sedentationsgeschichte : heute könnte Europa glauben, dass die afrikanische und nahöstliche Überbevölkerung nach Europa völkerwandert... - , ihre grossen Treffen in der Steinzeit und Vorsteinzeit, die sie organisierten, waren vermutlich nicht nur religiöse Feste, es waren politische, es muss in Europa so etwas wie Verteidigungsunionen gegeben haben - je sesshafter die Jägerkulturen wurden, desto mehr musste verteidigt werden, musste ein Standort, ein bearbeiteter Landraum als "Eigentum" behauptet werden -, die Bedrohungslage stieg, aber auch das Bedürfnis, nach höher Wehrhaftigkeit und Befriedung des Umlandes - das war möglich, je mehr man sich "überkulturell" definierte und nachbarschaftlich kannte - also zum Beispiel gemeinsam die Sonne und die Nacht zum religiösen Mittelpunkt ihrer verschiedenen Stämme und Gemeinden machte - und eine Heiratspolitik in den führenden Cliquen organisierte, somit die eigene Blutsbande verbreitete (Frauenraub/Frauenvergewaltigung wurde mehr und mehr zum Frauentausch; vielleicht daher alte Zeugnisse, archäologische Funde, von südlichen Frauen in nordischen Gegenden - die grossen Feiern, Zusammenkünfte, waren als religiöse und politische, auch ein grosser Heiratsmarkt und überhaupt einmal im Jahr der Ort des grossen Austauschs von neuen Waren, Schmuck, Waffen und Informationen).

////Vergleiche Stonehenge (11 000 Jahre alt: vlcht. 6 oder 7 000 Jahre lang genutzt; Göbekli Tepe in der heutigen Türkei (ca. 10 000 Jahre v.u.Z.; hochwertige Steinarchitektur lange vor Aegypten) oder die Himmelsscheibe von Nebra: 4000, 3000 Jahre v.u.Zeit. Hier wurde die "Energie" mehr in den Himmel, in die Nacht der Sterne, gedrängt und gelenkt: entstanden kontemplative Übungen und geübte

Himmelskontemplationen - wie Betrachtungen der "anderen Welt", die zugleich jene der Nacht und des Schlafes war - mit "überkultureller" Verständigungs-, Vereinigungs- und Pazifizierungsqualität: hier feierten verschiedene Gemeinden, Stämme religiösen und politischen Zusammenhalt - trafen sich Religionsgemeinschaften und Verteidigungsunion - die Kannibalismus und Räubertum ächteten und abwehrten um der Sicherheit ihrer Siedlungen, Züchtungen und Anpflanzungen, ihres Besitzes, ihrer Frauen und Kinder willen. Frieden zu wahren, allenfalls kriegerisch vereint zu verteidigen -   war schon damals eine enorm anstrengende, herausfordernde Kulturleistung.

28.03.2517

Die Skulptur des Löwenmännschen aus Mammutelfenbein... (ca. 35 000 bis 41 000 v. u.Z.) Es finden sich keine Neanderthaler-Homo-Sapiens-Hybrid-Puppen geschnitzt aus Mammutelfenbein aus der Altsteinzeit - da können wir noch lange suchen..., weil Neanderthaler als schwach verachtet und getötet wurden - machten sich diese nicht servil, flüchteten sie nicht "feige" - , wohl aber fand sich die aus Mammutelfenbein geschnitzte Figur des Löwenmenschen - weil Löwen als stark geschätzt und gefürchtet wurde, - sie zu besiegen, Jäger zu Helden machte, in ihren Mut, in ihre Waffe, in ihr Geschick, in ihre Kraft, ging die Löwenstärke über, sie wurden zu "Überlöwen".

28.03.2517

Der rassistische Homo-Cro-Magnon-sapiens - den wir hier, etwas zugespitzt, etwas polemisch, auch Homo cannibalis nennen - wird den Neanderthaler verachtet haben.

28.03.2517

"Warum die Neanderthaler vor 30 000 Jahren ausstarben ist bislang ungeklärt." (Wikipedia 31.03.2017) Dass Homo sapiens sie ausgerottet hatte, einige Frauen davon "versklavt", das "darf" nicht sein. Das ist aktuell politisch inkorrekt. Also koexistierten sie 100 000 Jahre miteinander "friedlich". Bis dann plötzlich was ? Wir nehmen hier vielleicht an der Urszene des Rassismus Teil. Nicht nur aus der Ferne: genetisch. Um es unschön zu sagen, Homo sapiens ist ein kleiner Rassist und Vergewaltiger, kein weiser Frömmler (gewesen). Gedrillt, unterlegene Tiere, Lebewesen jeder unterlegenen Art und Rasse zu jagen, zu erlegen, zu fangen, dann zu kochen oder zu braten - und getrieben, geängstigt, selber von dem einen und anderen Raubtier gejagt und roh gefressen zu werden (es wimmelte von Löwen, Säbelzahntigern, Steinzeitbären, Wölfen, von rohen Fleischfressern, in diesem Europa - es brauchte die Härte, die "Löwenhaftigkeit", die "Löwenähnlichkeit", um nicht zu sagen, Jagd- und Verteidigungstechnik, ihnen zu widerstehen: die spitzen Steine wurden die Krallen, die geschleuderten Speere die Sprungkraft des homo sapiens - vielleicht von daher diese Figur des Löwenmenschen (35 000 bis 40 000 Jahre alt; eines der ältesten Kleinkunstwerke der homosapienten Menschheit). Das Feuer brachte die Überlegenheit in die Höhlen dieser Wesen - fortan trennten sich Tiere mit

Feuer von Tieren ohne wie Götter von Menschen.
Vielleicht half die Harmlosigkeit der Neanderthaler in
der Nachbarschaft der Homo sapiens zu überleben -
immer von der Gunst, vom Eifer, vom Grössenwahn, von
der Verachtung, die auf sie fallen könnte, abhängig. Je
mehr sich Homo sapiens verbreitete, desto prekärer,
instabiler wurde diese Koexistenz. Irgendwelche
Wahnsinns-Truppen von Homo Sapiens Männchen -
diese Überlöwen - werden irgendwann die grossen
Jagden, den ersten Holocaust - ein Wort, in dem
"Brand/Brandopfer" mitschwingt - der Homo-Sapiens-
Geschichte, veranstaltet haben. Vermutlich mehr aus
Lust am Töten, aus Überschuss, als aus Not, aus
Bedrängnis und Angst, heraus. Wir hören schon gewisse
Archäologen und Archäologinnen aufschreien, die nach
einem anderen Menschbild in unseren 30 bis 50 000
Jahre alten Gräbern grübeln. Kein Wunder, dass ihnen
das "plötzliche" "Aussterben" der Neanderthaler wie ein
Wunder erscheint. Am Ende war es ein prähistorisches
Massaker.

28.03.2517

Urgeschichte oder wie aus dem unzimperlichen Homo
cannibalis der feinfühlige Homo sapiens wurde...

28.03.2517

Die Selbstdressur, die Zügelung des Homo cannibalis
zum Homos sapiens begann, als er es mit seinesgleichen
zu tun bekam. Von dem Moment an erhielt seine
Sesshaftigkeit eine neue Qualität - es galt sie zu
verteidigen - das freie Jagen von Neanderthalern und

anderer Beute reduzierte sich. Er begann sich wie Weizen und Haustiere zu züchten. Völkerwanderung brachte neue Jäger- und Räuberhorden in die Gegend. Um sich gegen sie zu behaupten, brauchte es eine gewisse Grösse und Stärke im Kollektiv - Besitzer, die alles, kämpften gegen Räuberhorden, die nichts zu verlieren hatten.Berüchtigt waren die skandinavischen, die eine Form von Jagd auf Menschen, ihre Reichtümer, eine Zeit lang kultivierten - ähnlich wie die Conquistatoren in der Neuen Welt und Araber in Afrika, die für den Sklavenhandel Menschen jagten.

28.03.2517

Hätte Cro-Magnon die Neanderthaler integriert, hätten wir heute mehr als die 2 % Vergewaltigungszeugnisse in unseren homosapienten Genen.

28.03.2517

Von Herxheim zu Treblinka. An Herxheim erinnern die Inkas und Azteken - wir vermuten, dass die Praxis der Menschenjagd schon lange vor ihnen existierte, - sie, die im grossen Stil Jagden auf Menschen "niedrigerer" Stämme, Versklavungen und Menschenopferungen durchführten - ein edler Frass, den sie Götter spendierten, weniger sich. Vielleicht tranken sie "nur" noch das Blut der Opfer (Feinde, Fremden, Niedrigen). Der Tötungsakt war der Beginn eines vollkommenen Vereinleibungsaktes (wir müssen eingestehen, wie fremd uns diese "Sitten" sind, statt sie bloss für uns zu rationalisieren - wir können sie schlicht kaum verstehen. Anderseits wer wird in 5 000 Jahren verstehen, warum in der Mitte des 20.

Jahrhunderts n.Ch holländische Mädchen gefangen und in KZs vergast, mithin deren Haare zu Polster und deren Goldzähnchen zu Goldbarren gemacht, wurden?)

28.03.2517

Kannibalismus vor 5000 Jahren (Herxheim). Wir können davon ausgehen, dass der Neanderthaler mehrheitlich verjagt, gejagt und ausgerottet, minderheitlich gefangen und vergewaltigt wurde von unserem Cro-Magnon/Homo sapiens-Homo-cannibalis//-Ahnen. Im äussersten Rand dieses Kontinents, in Gibraltar, hatte sich dieser vom Übermensch verfolgte Untermensch zuletzt versteckt. Lange hatte er sich dort nicht gehalten. Mehr an und über den Rand gedrängt geht nicht. Dass also die 2 % Neanderthaler in uns womöglich nicht "friedlich" in uns kamen, vielmehr bezeugen, dass wir sie zu unserem Fleisch gemacht, um nicht zu sagen, gefressen haben. Und die kannibalischen Funde in Herxheim weniger die Spuren einer "späten Unkultur" (bei einer "Hungersnot" jagst du nicht 100 km vom Kochtopf entfernt Menschen...), als die letzten einer umfassenden Menschenjägerei- und esserei sind - die nach den Neanderthalern unter der eigenen Rasse noch eine Zeit lang weiterging - bis man aufhörte, "seinesgleichen" zu essen, vielleicht auch weniger, zu töten - weil die robusten Kulturen das nicht mehr so einfach zuliessen, die Nischengefälle sich anglichen, ihre Nischenadäquanz stabiler wurde - in dem Moment wurde der Homo cannibalis gleichsam mehr und mehr zum "homo sapiens" - nämlich als der, der einsah, dass es keinen Sinn macht, den anderen zu töten und zu fressen - weil zu riskant, zu aufwändig, zu stressig - also die Zeiten, es mit dem Neanderthaler zu tun zu haben, vorbei waren (ausserdem könnte ihnen Hirschfleisch viel besser geschmeckt haben als Neanderthalerfleisch - wurde aus dem Kannibalismus mehr und mehr eine Trophäensammlung, ein symbolischer Akt etwa des Blut-Trinkens aus dem Schädel...so wie die Jünger von Jesus gemeinsam aus dem Kelch Wunderwein tranken (Blut), der davor Wasser war...). Stimmen diese Vermutungen, werden wir weitere Kannibalen-Stätten finden, andererseits werden sie viel älter, viel kleiner und deshalb kaum noch zu finden sein. Sorry, das klingt jetzt nicht nett. Eine nette Geschichte macht uns uns selber heute vielleicht sympathischer, muss aber mit den Fakten von damals nichts zu tun haben. Die meisten verloren ihre Spuren. Zum Glück .So können wir uns auch einen sehr netten sozialen, durch und durch ausländerfreundlichen Cro-Magnon-Urahnen vorfantasieren.

28.03.2517

Nochmals zu unserer letzten Achsenzeit - die Idee ist, dass sie uns mehr als jede andere Zeit verbindet. Dass Philosophie 2700 Jahre alt ist und Christentum "nur" 2000 Jahre - geschenkt: Philosophie und erster Abrahamismus (auf der Höhe der Verschriftlichung), Buddhismus, Konfuzianismus und andere antike Weltanschauungslehren sind ungefähr gleich "alt", obwohl an verschiedenen Orten unseres Planeten, in verschiedenen Kulturen unseres Urstammes entstanden - daher nennen wir diese Zeit Axialzeit, letzte Achsenzeit - nach Jaspers (1949), nach Robert Bellah (2011) - von "Sattelzeit" (Übergangszeit) sprach Koselleck - de facto sind wir immer im "Übergang", aber auch immer in einer "Kehre" begriffen.... - ist unser Entry in die Welt immer mit einem Reentry in sie verbunden. Davor wird es weitere Achsenzeiten gegeben haben - vielleicht eine spätägyptisch-mesopotamisch-vedisch-urjudaische um 1500/1800 v.u.Z - über die die Assmanns forschten - , und vielleicht gab es vor 30 000 Jahren eine magmamaternale Achsenzeit, in der für viele der 100 000 Menschen - damals die Menschheit - im eurasischen Raum eine erste Hochkultur-Religion der Venus-Figurinen mit dem Hochkultur-Realismus in der Kunst, entstand (Lascaux-Höhlen, verschiedene Figurinenfunde, russische Figurinen, Raubtiermenschfiguren, u.a. - zur Interpretation als erste Kinderspielzeuge und Talismane siehe ÜdA, Teil 1), vielleicht ist unsere älteste Achsenzeit eine urafrikanische, sofern die Menschheit, - nach dem aktuellen Stand der Genforschung -, aus dem Urafrikanischen entstand und dort eine Stammesgruppe die erste Hochkultur entwickelte (eine Mischung von überlegener Aggression nach Aussen (Löwenmensch) - durch Waffentechnik und Strategie - und höchster Verbundenheit nach Innen (Venusfigurine) - durch Sexualität, Natalität, Parentalität und Emotionaltät -und zwar in einem stabilen Gleichgewicht) - ist dem so, dann sollten wir das Jahr 205'017 a.a.A. oder 305 017 a.a.A. - after african Axialage haben.. Und wann war die Achsenzeit, in der Menschen nach Nord-, dann Lateinamerika kamen... über Russland nach Alaska einwandernd? Die Pelzjäger und Schifffahrer-Achsenzeit - in der Menschen - Männer vor allem- zurück in das Wasser fanden...über die Arche des Lebens gingen?

28.03.2571

Löwenmenschfigur und Venusfigurine sind ungefähr gleich alt - bis zu 40 000 Jahre. Es gibt weit jüngere, vielleicht sogar sehr viel ältere.

28.03.2517

Die Achsenzeiten in uns. Auch wenn wir in ihren Reentrizitätsschlaufen leben, sie sich in uns vererbten - mituntern die Neanderthaler wenige Prozente Gengut uns prägend hinterliessen -, so sind diese Spuren sehr eingewoben und verwischt, wie auch unser Denken, unser Wissen über sie, aufgrund sehr spärlicher Quellenlagen, sehr spekulativ. Die Schriftkulturen-Achsenzeit, die für uns immer noch am dominierendsten und am besten archiviert ist, ist jene der letzten - aus ihr entstanden Philosophie, Abrahamismus, Buddhismus, Konfuzianismus, späterer Vedismus, Daoismus u.a.. Sie verbindet Afrika, Asien, Europa und Amerika.

27.03.2517

Die Menschen, die das Leben am liebsten weitergeben, und mit dem Sterben, der Kehre in die Genesis, am wenigsten Mühe haben, die werden überleben, weil mehr als überleben.

27.03.2517

Aber es gibt keinen "Ort" in ihrem Zeitraum-Änigma, es gibt keinen "Weg", den ich wirklich "gehen" könnte - sagte sie, schrieb sie an mich: "'folge mir". Obligation wird durch eine grosse Zeitdimension Orientierung. Sie gibt eine Art "Richtung" vor - für die nächsten hunderttausend Jahre - insofern doch einen Weg. "Obligation" ist, diesen nicht zu verlassen oder zu beenden. Das ist eine nicht ganz einfache Aufgabe, es ist "die" Aufgabe. Wir brauchen dazu alle Kräfte, wirklich alle. Eine grosse Liebes- und Lebenskraft (Das ist nichts "Neues" - das immer Frisches fliesst, ein immer quellender Quell).

27.03.2517

Sind wir Wesen von Sekundarität, hat sich umso mehr Primarität in uns eingeschichtet. Es heisst auch auch lapidar - wir seien aus Sternenstaub.

27.03.2517

Die innerste Äusserste - die äusserste Innerste - hier macht "innen" und "aussen" irgendwann keine Differenz, keinen Sinn.

27.03.2517

Die innerste Äusserste (die äusserste Innerste). Sie sagte weder: Du musst mich bewundern, noch: Du musst mir folgen - eher tust du das mit ihrem Impuls eh - wahrscheinlich mehr, als wenn sie es gesagt, gefordert hätte. Sie "fordert" Obligation, - zu leben? zu überdauern? in gutem Leben und Erhalt? - das ist maximale Forderung. Sie fordert Philosophie - zu wissen? zu handeln? wissend *und* weise? - das ist maximale Forderung - und sie lässt die Zeit schrumpfen wie über sich hinausdehnen. Als ob das ihre Form von "Wunderakommunikation" sei. Aber von Allmacht ist nicht die Rede, eher von grosser Fremde und Ferne, die Wesen und Lebewesen, Genesis Änigma und Genesis unserer Welt (ähnlich wie Tod und Leben) trennen, Grenzen, die sie überbrücken kann, uns einen Gesichtskreis in der Zeit zeigend, was wir noch nicht erlebt haben, aber werden. Vielleicht ist "sie" eine änigmatische Dimension von uns so ähnlich wie die Dimension von Es und Über-Ich nur nicht innerpsychisch, sondern transphysisch, die "innerste" Umweltdimension von uns, mit der wie selten bis nie in Berührung kommen (warum sollte es diese Dimension nicht geben?) früher hätte man "übernatürlich" gesagt. Eine Dimension, die noch viel verdrängter und ferner (externer) innerlich-äusserlich ist - was in ihr "innerlich", was "äusserlich" verschwömme - als die innerpsychische verdrängte und ferne? War das ein Motiv der Kritik Jungs an Freud? (Abgesehen von jenem Jung, der von Nazis infizierbar war, was der "Jude" Freud von vornherein nicht). War das ein Grund, warum er parapsychischen Phänomenen gegenüber, wie das "Déja vu", viel aufgeschlossener, viel neugieriger, wissbegieriger?

27.03.2517

Es ist möglich, dass ich es spürte, dass eine "genuine" (generische, genesische) Modulation im Christenglauben steckt, die dann allerdings alle Menschen (Lebewesen) betrifft - ob sie daran glauben oder nicht, ist zweitrangig. Die nichts mit "Sünde" zu tun hätte. Die nichts mit "dem Bösen" zu tun hätte. Nur dieses akommunikative Licht und Energiepol definierte. Das gleiche kann für Buddhismus, Abrahamismus eins, drei, Hinduismus und andere betreffen, die akommuniziert wurden, wenn es so wäre.

27.03.2517

Im ZDF eine Dokumentation über drei Männer, die sich zu professionellen Dienern ihres abrahamischen Sektenkultes ausbilden lassen, komplett also von Männern besetzt -mit Fotos von Familie, Freunden und Dorf-Umzug- signalisierend: alles normal, alles gewöhnlich, naturalisierende Effekte und Bestätigungen produzierend - dass es eigentlich mehr oder weniger fragwürdige Ideologien und Unterstellungsinszenierungen (Sündenunterstellung, Gut-Böse-/Lohn-Strafe/Menschendualismus, etc.) sind, die religionswissenschaftlich teilweise hinten wie vorne nicht halten, was sie versprechen, davon kein Wort (Über 30 Jahre studiere ich ihren "akommunikativen Gehalt", ein Resultat davon ist in "Über die Anfänge" niedergeschrieben). Vielleicht gibt es eines Tages auch Dokus über Genesianen, wie sie professionell genesianisches Studium und Leben vermitteln. Oder Dokus von Urgenesianen, wie sie "deentrisch" leben und sich archéischer, autarker, unabhängiger zu machen streben. Wohl in eher postabrahamischen Zeiten - wenn mehrheitlich Genesianisch-Säkulare das Sagen und Senden haben.

26.03.2517

Das ist etwas ganz anders als Sokrates Anti-Gauklerstück und Untergraber untergrabendes Bonmot: "Ich weiss, dass ich nichts weiss".

26.03.2517

Ich weiss, aber ich weiss nicht, was ich weiss.

26.03.2517

Es gibt etwas, aber ich weiss nicht, was sie ist.

26.03.2517

Die Para-Synchronizität lässt Zeitraum von Zukunft und Gegenwart wie nebeneinander schon bestehend, bevor entstanden, bestehen. Da kam auch C.G.Jung, der dafür schon ausserordentlich aufnahmebereit und annahmebefähigt gewesen war, an Grenzen der Erklärbarkeit. Von diesen Grenzen ist heute in gewissen Feldern der theoretischen Physik die Rede (allenfalls noch in der Zeitphilosophie). Und in Drehbüchern Hollywoods. Ansonsten in Akten internierter Irrer.

25.03.2517

Wenn Hollywood die virtuelle Überfülle (Sekundärfülle), erzeugt der Buddhismus die virtuelle Überleere (Sekundärleere). Beides ist mittelmässig extrem, auf einem Abweg - das eine sicher ohne, das andere wahrscheinlich mit Akommunikation.

25.03.2517

Was ich weiss, ist wenig, aber extrem und kann die Illusionsmaschine Hollywoods nur illusionär, nur illusionistisch, nur vormachend, nur täuschend erzeugen.

Bei ihnen ist das alles nur Sekundärerlebniserzeugung. Warum unterhalten wir uns mit solchem Illusionismus? Warum erleben wir gerne sekundäre Erlebnisse im Wunderland? Weil die primären zu öde sind? Warum hauen wir uns virtuelle Drogen rein? Weil das die Realität angenehmer macht? Wieviele Stunden unseres Lebens belegt dieser Illusionismus? Wieviele Stunden stecken wir unsere Köpfe in diese Illusionsmatrix? Vielleicht sollten wir diese Illusionsmaschine ausschalten oder ihre Wirkung auf ein Minimum reduzieren - ohne dabei buddhistische Mönche und Nonnen zu werden. In Massen kannst, in Massen solltest du Hollywood, kannst du, solltest du Buddhismus, solltest du Illusionismus, auf Kosten deines primären Erlebens und Lebens, konsumieren.

24.03.2517

Bannon will Nationalismus, Kapitalismus und judaeo-christliche Religion - kurz: er will nicht wirklich denken, sondern im Status Quo bisschen Harley fahren und Golf spielen. Das darf Bannon ja machen und wollen - für ihn, für sich, für die USA mag das im Moment funktionieren - in Europa funktioniert das nicht. Wir müssen den Kopf und den Hintern, nicht die Harley, bewegen und statt Golf spielen, uns Gedanken, machen über Supplementierung und Substituierung von///Nationalismus, Kapitalismus und Abrahamismus. Statt Revolution also Supplement (Ergänzung) und Substitut (Ersetzung).

24.03.2517

Ende des Hollywood-Gehirnwäsche-Programms: keine Science-Fiction-Phantasien mit pentagonesken Massendestruktionsarsenalen, keine Horror-Movies nach christianisierter Moralmanier (manichäisch, sündenlogisch), keine Killer-, keine Agenten- keine Geheimdienstfilme, die die Zuschauer konditionieren und die Phänomene naturalisieren - höchstens noch Familienzusammenführungen – seit der Odyssee ein thematischer Dauerbrenner - und Filme, die die Dienste als auslaufende Geschäftsmodelle präsentieren, allenfalls als durch und durch staatskriminell - und bürgeraufklärerische Wirkung vermitteln - dass wir in Europa solche Dienste verbieten, verfolgen und ersetzen. Kurzum - im genesianischen TV-Programm erhält James Bond keine Sendelizenz - es sei, die Dekonstruktionsverfilmung von ihm - er verrät die Geheimdienste und gründet eine Anti-Geheimdienste-Polizei aus ehemaligen Dienstlern und Dienstlerinnen - vor der die Dienste, die, trotz des Geheimdienste-Verbots, in Europa agieren, fast schon Angst haben. Eine Anti-Geheimdienst-Polizei brauchen wir in Europa, nebst einer Anti-Terror-Polizei (im Umkreis der Europol aktuell im Aufbau begriffen, ansatzweise und halbherzig) ist sie im Parteiprogramm der PEV - Kapitel Sicherheitspolitik und Europäisches Sicherheitsmodell (Diplomatie light, Anti-Terror-Polizei, Anti-Geheimdienstpolizei, u. dgl.). Und es ist Teil der Verteidigungspolitik der PEV - eine symmetrische und asymmetrische europäische Verteidigungsstrategie zu entwickeln - die doppelt abschrecket: symmetrisch (A-Waffen, etc.) - als auch asymmetrisch (asymmetrischer Partisanenkrieg, Sabotage, etc.). Ausserdem sind beide Politiken – die PEV-Sicherheitspolitik und die PEV-

Verteidigungspolitik - Teil der Europäischen Neutralitätspolitik mit neuen und alten Freunden und Partnern. Soviel zur Idee eines PEV-Grundsatzprogramms – für eine Mitte 2.0.Politik global-europäischen, gesamt-europäischen, national-europäischen und regional-europäischen Typs.

23.03.2517

Ob du das glaubst oder nicht glaubst, ist dein Problem.

23.03.2517

Ich bin nicht gläubig, ich bin wissend. Auch wenn ich nicht viel weiss, das weiss ich.

16.03.2517 Postscholastik - Genesianische Philosophie/ Genologie/ , Genedeistik Genesisologie statt "Theo"logie.

16.03.2517

Die abrahamische Nachscholastik der Charron und Montaigne meint: "n y peut-il avoir des principes aux hommes, si la divinité ne les leur a relevez." Ohne die 10 Gebote vom Himmel geht es nicht? Bei Solon ging es,mit Aristoteles Ethiken auch......Also ob wir unsere "Sittengesetzlichkeit" und "Gewohnheitsrechtlichkeit" nur vom Himmel, unser Unsittlichkeit von der Erde haben könnten. Vom "Himmel" erhielt ich lediglich das Wort "Obligation" übermittelt - als ob es die Quintessenz aller Sittengesetzte birgt... Wir werden bei Kant und Rawls weitermachen. Vielmehr differenzieren und

autogenerieren sich Arrangement- und
Verhaltensregulationen durch unsere Physistemen, in
ihren gesellschaftlichen Ensembles, selbst aus. (actio -
reactio, usw.). Wir sind auch innerlich physistemisch
hoch geleitet, hoch organsiert, merkwürdig, wenn sich
davon nichts in der Leitung des Umgangs in der
Gesellschaft äussern würde, beginnend mit der
schwangeren Frau und der Geburt des Kindes und der
Mutter: hier gibt die Mutter dem Kind, helfen Mutter und
Vater - wenn sie das nicht getan hätten, genügend, hätten
wir uns ausgerottet, genügend.

16.03.2517

Charron hat Recht: "il n y a aucune demonstration
suffisante pour expliquer que c est que Dieu." Doch lässt
er die Wunderdemonstrationen aus, die Naturgesetze als
Regelschemata der Evolution des Weltraums - involutiv
- beugen können und für Übernatürliches sprechen, es
beweisen sollen. Inwiefern diese Phantasien Funktion in
der "harten" interabrahamischen Auseinandersetzung
neuer und alter Juden haben, führten wir an
verschiedenen Orten in ÜdA aus, siehe dort. Die Änigma
demonstriert sich akommunikativ, sie gibt von sich
Akommunikationen und Involutionen preis, sie "spielt"
mit unserer Physik - kaum hat sie so etwas wie
Geschichte (Baumwurzelmodell), sie ist kein Lebewesen,
sie ist ein Wesen mit ganz anderen Zeitraum-Zugängen
und -Vorstellungen. Sie ist relativ unvorstellbar und
unerkennbar, was sie von sich zu erkennen gibt ist
Akommunikation, also das, wozu unsere
Erkennensfähigkeit überhaupt reicht - stell dir vor, sie
akommuniziert mit uns visuell skriptiv im

Ultraviolettbereich oder so hell, dass es blind macht - sie muss also das passende Lichtspektrum, die richtige Lichtintensität, nicht nur die verständliche Menschenschrift ,dann auch noch den passenden Raum, für den "passenden" Menschen für ihre Akommunikation in Szene setzen.

16.03.2517

Was die Beweisbarkeit bezüglich der Änigma, bin ich weiter, was die Wissbarkeit, nicht weiter als die Scholastik. Kaum ist die Änigma aus der abrahamischen oder einer anderen (buddhistischen, hinduistischen, zoroasthrischen, daoistischen, heraklitischen, usw.) Literatur und Herkunft abzuleiten - deduzieren wir sie vielmehr als Quereinsteigerin aus einer Genesis Änigma in unsere Genesis. Sie hält nur das Wort "Philosoph" - und die Vermittlung des Wortes "Obligation" für wert, mir, uns mitzuteilen - als ob das die Quintessenz der Quintesszenzen.

16.03.2517

Philosophische Theologie der Genesis (Genesistik) ist Erbin und Ende abrahamischer Theologien.

16.03.2517

Luthers "Philosophia nihil Deus scit" (Galaterkommentar), gilt nicht, es gilt das Gegenteil: "Philosophia (pauca) Deus scit." Unter Unterstellung ihrer theologischen Vorstellungen, die wir nicht unterstellen.

16.03.2517

"Sei Philosoph, du bist Philosoph", ist direkter Auftrag, ist Anschrift Gottes, für sie Gott, für uns Genesis Änigma. Nicht: sei Theologie, sei Christ, sei Muslim, sei Jude, sei Buddhist, sei Hindu - nein: Philosoph. Für sie unglaublich, für uns zweifelhaft insofern wir nicht wissen, wer/was spricht.

15.03.2517

Das "Wunder" ist ihre Akommunikation - also dass sie Tricks kann - z.b. mit Licht schreiben im leeren Raum -, die in Hollywoodstudios ausgedacht sein könnten. Was Hollywood ebenfalls gut nachdrehen kann, sind identische Parasynchronizitäten.

15.03.2517

Ehre und Tuch - Tuch und Ehre. Die Würde des Menschen gilt bei uns kleiderunabhängig. Sogar ein Flitzer ist respektvoll zu behandeln. Frauen legen in unserem Kulturkreis ihre Würde, ihre Rechte, ihren Respekt, den sie erwarten dürfen, nicht ab, wenn sie in der Sonne ihre Oberkleider ablegen oder im Ausgang kurze, statt lange Röcke tragen. Im privaten Raum sollen sie sich komplett ausziehen, andere komplett einhüllen können, wie sie wollen, nicht im öffentlichen. In unserem öffentlichen Raum herrscht der Schamcode "moderate Mitte", in der wir uns in die Augen, aber auch auf Ausschnitte, glatte Männerpos und nackte Frauenbeine sehen können, auch, weil wir uns öffentlich taxieren und animieren - deswegen laufen wir in körperbetonten Kleidern, nicht in Kutten und Kartoffelsäcken herum- , weil wir uns nicht nur privat vermitteln, geht es um Paarbildungen mit intimeren Aspekten - es sei, wir sind in anderen Umständen und Verhältnissen als Familienbilder angekommen, ohne viel Zeit und Lust mehr auf die Flirts der junge Paarbilder um uns herum. Verhüllte Frauen können "fremde" Männer nicht kennenlernen, fremde Männer nicht verhüllte Frauen - durch den möglichst hohen Auschluss der Öffentlichkeit durch ihre Kleidung und den möglichst hohen Ausschluss von ihnen aus ihr, sollen sie privat, unter Kontrolle der Eltern, der Familie als regulierbarer "Besitz" innerhalb ihrer gleichgesonnenen Gemeinschaft vermittelbar oder möglichst komplett unter der ihres Ehemannes/// bleiben. (Werden sie bedrängt, geraubt, vergewaltigt, missbraucht, belästigt in der wilden spätantiken Arena von Männern - die "Schutztücher" der verhüllten Frau markieren: Halt, ich gehöre jemandem. An mir gibt es nichts zu vergreifen: Mich hütet jemand - ich kann mich nicht selber, aber sie können mich schützen...: dieses Tuch ist ihr symbolischer Schutz - enfernst du dieses Tuch - vergreifst du dich an ihnen, nicht nur an mir...) Die Leine hält sie in der Öffentlichkeit fest. In dieser öffentlichen Zudeckung und Anleinung von ihnen steckt aber auch etwas vom sklavenartigen Verheiratungshandel, der mit sehr jungen Frauen betrieben wurde. Sie waren Verfügungsmasse der patriarchialisch geprägten Familie, die Töchter wurden gerne an mehrfach verheiratete, nicht ungerne an solvente Männer verhandelt, gegen ihren Willen, sollte sich dieser überhaupt dabei besonders regen, geregt haben. Die Familienehre war ihr Käfig, den sie unter ihrer grossen Haube mit sich trugen. Ihr Käfig war wie die Scham, die sich nicht öffnen durfte - es sei, für die Richtigen, den Einzigen. Haube und Käfig sollen absichern helfen, dass sie privat kontrolliert verfügbar und abgeschlossen bleiben - ihren vorgesehenen Tausch-Wert nicht verlieren, die Ehre der Familie nicht verletzen, mit anderen Worten. Aspekte, die es zu bedenken gilt, die den Rattenschwanz ausmachen, der sich an diese Überfülle von Tuchlagen, die gelegentlich öffentlich präsentiert wird, hängt. Der Blickfang perlt an diesem Tuch ab - die verborgene Schönheit soll sich hier nicht "unterm Wert" preisgeben dürfen. Irgendwann wird sich unter dem Haufen Tuch allerdings die selbstbewusste Frau entdecken und mehr und mehr selber bestimmen wollen, wann, wo wieviel Tuch sie trägt, wann wo und wieviel nicht. Das wird nicht ewig zu verhindern sein, durch keine Tuchlage, durch keine Kette, durch keine Leine. Irgendwann werden es auch diese Frauen schaffen. Vielleicht hüllen sie sich dann öffentlich manchmal vollständig ein und manchmal laufen sie fast wie Flitzer durch die Strassen.

15.03.2517

Über FKK und Niqab. Den männlichen Schwengel auszupacken öffentlich, ist in unserer Kultur höher schamcodiert als die Brüste blank zu ziehen (die Pseudodifferenzierung zwischen primären und sekundären Geschlechtsmerkmalen untermauert dies nur), dabei spielt mehr und mehr ein Gewohnheitsrecht als ein Sittengesetz eine Rolle, das bedeutet, es hat sich so eingebürgert, dass Frauenbrüste und - in ganz kurzen Einstellungen Schamhaare - in Filmen noch unterhalb der Pornogrenze gezeigt werden "dürfen", so wie im

Tiergarten öffentlich, weil "man" sich daran gewöhnt hat. Gezeigte Schamteile in langen und obszönen Einstellungen indessen stellen unser geltendes Gewohnheitsrecht ausser Kraft, ist man weder filmisch gewohnt - es sei der- oder diejenige schaut sich im Internet regelmässig Pornoseiten an - noch gewünscht ausserhalb der privaten Echtzeit, - noch gewollt in der alltäglichen Öffentlichkeit, die jeder und jede erlebt und mitgestaltet. Täglicher Umgang mit Scham, Schamlosigkeit und Schamteilen - in der Gynäkologie, Urologie oder beim Windelnwechseln - nutzt Scham ein wenig ab - eigene oder fremde Scham kann stören, behindern - , verändert und senkt das Schamempfinden - das durch ideologisch gesteuerte Lebensgestaltung künstlich erhöht, gesteigert werden kann. Die Behinderung durch sie ist dann gewünscht, wird eingepflanzt. Für beide Richtungen, von Sittengesetz Richtung Gewohnheitsrecht, von Gewohnheitsrecht Richtung Sittengesetz, gibt es Optionen. Öffentliche Schamerregung ist zu vermeiden, zeigst du dich schamlos, das kann, im Angesicht dessen, die Intimität und Privatheit anderer verletzen. Dich auf der Toilette ungewollt gefilmt zu sehen über das zufällig eingeschaltete Handy, beschämt dich peinlich und schockiert und beschämt andere, die das sehen. Die Femen-Frauen, die mit Nackheit und Frau physische Wehrlosigkeit in politische Wehrhaftigkeit transformieren, gehen auf die 1968er, 1970er zurück - wo Adorno mit Brustblankheit von Studentinnen "geschockt" werden sollte - nicht als l'art brut vorgetragen, sondern politisch, demonstrativ. Ausser ihnen, die Brüste provokant protestierend inszenieren und medial multiplizieren - die inszenierte Frauennacktheit soll der

Aufmerksamkeits- und Verbreitungsverstärker für die politische Botschaft sein -, liegen bald nebenan im Tiergarten die ersten Frauen mit oben ohne in der Sonne, ohne damit eine politische Aussage und Demonstration verbinden zu wollen - ausser der Botschaft: dass sie sich hier körperlich unversehrt und frei genug fühlen, ohne es betonen zu müssen, vielmehr zu können, nackten Oberkörper zu zeigen und der warmen Sonne auszusetzen, wie sie es für gut, richtig, angenehm und entspannend halten. In diesem öffentlichen Raum ist Multikulti zugegen, auf seinen Wiesen durfte vor paar Jahren gegrillt werden, besonders türkische Familien taten das am Sonntag. Hier entspannten sich diese mit Kuhfleisch-Grillen, andere mit Sonnen- Grillen - ohne Probleme - die verschiedenen Muse-Kulturen der Berliner leb(t)en entspannt zusammen, nebeneinander und aneinander vorbei, die einen stark verhüllt, die anderen stark enthüllt. Die meisten achten nicht auf die enthüllten Liegenden, die es in Kauf nehmen, en passant gesehen zu werden, nicht aber, lange angestarrt. Viele achten auch nicht auf die stark verhüllten Frauen, weil sie zuweilen nicht zu sehen sind, im heissen Sommer eher direkte Sonneneinstrahlung meiden, also Schatten und innere Räume aufsuchen. Die Sonne bannt sie aus dem öffentlichen Raum, während sie "westliche" Frauen hinaustreibt auf die Wiesen. Die einen dürfen, dann wollen, dann können die Tücher öffentlich nicht ablegen, die anderen tun dies umso mehr an heissen Tagen. Mit Sex und Erotik hat dieses Sonnenbad wenig zu tun - allenfalls für komisch erhitzte erhitzbare Gemüter unter Spanner und Spannerinnen. Aber nicht oben ohne zu liegen, wäre zuviel Verzicht auf gewohnheitsrechtliche Freiheit und Beachtung für die Schrägen, die es immer gibt. Soviel zur öffentlichen Demonstration ihrer Ignorierung. Wer welches Gewohnheitsrecht und welchen Schamcode im öffentlichen Raum definiert und garantiert, muss nicht nur als Zeichen eines unterschwelligen Kulturkampfes über die Definition dessen, was in ihm geht und nicht geht, soll und nicht soll, betrachtet werden: vielmehr als Entspannung, als Relaxtheit, mächtiger als jede verkrampfte, verklemmte Regulierung. Für uns heisst das: als Kompromiss unbeirrbar zugunsten jener, die in der Sonne baden wollen, die ihr FKK haben wollen und haben können sollen, vielleicht so, dass ihm und ihr nicht alle zusehen müssen.

15.03.2517

Postabrahamische Religionsfreiheit. Die Verfassung für Europa muss auch die Religionsfreiheit neu justieren. Die "alte", ist säkular-neutral für die christliche ausgelegt und von christlichen Bedarfslagen geprägt. Aus ihrer Perspektive war es wichtig, sie explizit zu betonen. Mit dem Islam ist sie stärker für die eine Entwicklung einzuschränken, für die andere, die offene, zu stärken und zwar mehr und mehr aus einer postabrahamischen Perspektive. Überhaupt ist Religionsfreiheit an sich nicht mehr zu überbewerten, der Bedarf nach ihrer Explizitheit war historisch bedingt und berechtigt, sondern eher als ein Bestandteil der Meinungs- und Gedankenfreiheit zu betrachten. Der Verfassungsartikel dazu lautete: "Die Meinungs- und Gedankenfreiheit, auch die religiöse, ist garantiert." Und damit hat es sich. Den Machtideologen und Imperialisten der dritten abrahamischen Überlegenheitsekstase wird das nicht passen. Vielen modernen Muslimen und Musliminnen, die für eine postabrahamische Sicht, gar Revision ihres Glaubens offen sind, aber schon.

15.03.2517

Postabrahamische Religiösität ist u.a. genesianische (zu der gehören, quasi als Vor-, für manche Endstufen, testamentarischer Islam, testamentarisches Christentum).

15.03.2517

Tuch um Tuch. Um die Männerdominanz und die Unterwerfung der Frauen im öffentlichen Raum unter sie zu garantieren, werden muslimischen Frauen mehrschichtige Barrieren aufgelegt, die sie sich täglich anlegen, Tuch für Tuch, wie Kettenhunde, die sich längstens an die Kette gewohnt haben, ja, ohne sie sich - zunächst - irritiert und unfrei fühlten. Im Koran gibt es dazu eindeutige und weniger eindeutige Aussagen für einen spätantiken Raum, in dem Männer mehrere Frauen, darunter Sklavinnen, besitzen konnten, konnten sie es sich leisten, insofern ist das Ganze sachlich eh von anachronistischer Obsoletheit durchzogen. Die Kleiderkette garantiert ihnen Sicherheit, starke Bindung an ihr Haus, es macht die Verhältnisse und den Unterschied klar, wer angekettet ist und wer die Kette abstreift. In einer komplizierten Welt ein Wert an sich. Ausserdem werden im privaten Raum, wo das einteilige oder zweiteilige Tuch über dem Kopf der Frau eine geringere Rolle spielt, die Verhältnisse allenfalls auch weniger eindeutig und einseitig.

----------------- Über Sloterdijk -- wird revidiert - in ausführlichet Kritik ca. 2019/2020---

16.03.2517

Klarstellung. Hier wird kein "Krieg" gegen Sloterdijk geführt. Er hat für "Über die Anfänge" weder die Wichtigkeit noch den Rang dazu. Die Person interessiert nicht. Als einer der frühesten Leser von mir.... kann er, soll er und wird er von mir lernen und von seinem hohen Ross herunter steigen müssen. Ausserdem sich anständig an die Gepflogenheiten wissenschaftlichen Zitierens und Achtens halten. Das ist eigentlich alles. Das wird er vielleicht nicht mehr über sich bringen. Das ist dann sein Problem.

15.03.2517

Es ist ja der Kyniker, der auspackt und öffentlich onaniert oder pisst oder vögelt mit jemandem - und damit die Heuchelei der anderen, ihre Verleugnung und Beschämung unseres Naturkerns vorzuführen glaubt - für sie hat Schamlosigkeit den Reiz, den für uns Erotik hat. Sloterdijk packt im Grunde den Kyniker aus, eigentlich pisst er auf alle, nur unverschämter - und geht zurück zur "Kritik der kynischen Vernunft" in seinen alten Tagen.

15.03.2517

Sloterdijk, der Permingationsmeister. Zur Definition und Historie des Begriffs (lat. mingere/permingere - pissen, überpissen), siehe "Über die Anfänge", S. 66 - 72.

15.03.2517

2003/2004 schrieb ich die Seminararbeit "Derrida, der Aegypter", -ich galt als geniales Wunderkind in höherem Alter, war aber nett zu den Professoren - 2005 erschien von Sloterdijk "Derrida, ein Aegypter". Zufälle gibt es, die gibt es nicht. Zur mehr wahrscheinlichen als unwahrscheinlichen Permingation dieses Titels und seines Ansatzes durch Sloterdijk, siehe "Über die Anfänge" , S. 68-70.

15.03.2517

Einem Verlag ein Buch zur Permingation schicken, statt zur Publikation...

15.03.2517

Die böse Königin und Schneewittchen. Im Jahr 2004 schrieb ich die Seminararbeit "Derrida, der Ägypter", im Jahr 2005 erschien von Sloterdijk "Derria, ein Ägypter". A pro pos Permingation: 2001 erschien "Nach Gott" von Don Cupitt bei Klett-Cotta. Sloterdijk und Suhrkamp permingieren den Titel, überstrahlen ihn, würden die einen sagen, überpissen ihn, sagen wir. Offenbar reicht Sloterdijk auf seine alten Tage die zweite Reihe nicht (mehr), in der er es sich als kreativer Epigone von Nietzsche und Heidegger gemütlich gemacht hat (hatte), reicht der Königin, die über sich böse geworden ist, weil ihr der Spiegel Zeit und Schönheit raubt, nicht mehr, dass sie die Schönste im Lande ist. Offenbar reicht es ihr nicht mehr, diese zu sein. Offenbar ist sie es eines Tages nicht mehr. Sagt ihr der Spiegel ins Gesicht: "Du bist die Schönste, aber, aber hinter den sieben Bergen....."..

15.03.2517

Der von Sloterdijk kopierte Titel "Nach Gott" - oder der "geklaute" Titel: aber urheberrechtlich wird diese Titelpermingation bestimmt legalisiert worden sein, wenn auch mit einem "Gschmäkle" - also der von Sloterdijk kopierte Titel "Nach Gott" - Sloterdijks Permingation von Don Cupitt en passant - klingt pompös, sein "Derrida, der Aegypter" klingt fantastisch, was hat er doch für einen originellen Griff für originelle Titel von anderen, der Sloterdijk... .

15.03.2517

"Nach Gott". Letztlich wird Sloterdijks Scharteke "Nach Gott" ein Papiertigerchen sein - dort und da hochgepimpt mit genesianischen Zitaten, das würden wir ihm hoch anrechnen... - , wird der wahre Papiertiger Nietzsche geschrieben haben, so wie Don Cupitts "Nach Gott" den originalen Titel vo "Nach Gott" von Sloterdijk... . - es passt zu diesem Stil, sich permingativ zu benehmen, das Schönste zu permingieren und selber daraus etwas Sekundärschönes, Sekundäroriginelles zu recyceln, wo das Originäre/re bereits gesagt wurde. Das hat Methode oder "Charakter" in dieser Schreibe.

15.03.2517

Wie bei "Sphären" (1998), wie bei "Stress und Freiheit" (2011), - eigentlich, bei allen Büchern und Büchlein - sind die Grundthesen, die Grundannahmen oberflächlich und schief, zu wenig gerade und tief, aber irgendwie gut klingen muss und tut es -und oberflächlich passend gemacht werden können.... Umso einfacher, umso flüssiger, "berauschender" fliesst das sloterdijksche Surfen... mitreissend vor allem für Leute, die sich nicht allzu sehr beim Nachprüfen des Geschriebenen aufhalten lassen wollen, vielmehr eine fette flüssige Schreibe mit einer nett anzuhörenden Geschichte ordentlich serviert bekommen.

15.03.2517

Die aufgeblasene Bedeutung von Sloterdijk würde es noch mehr aufblasen, würde er ein wenig bedroht...(irgendwelche Irren, die sein "Gottes Eifer"...)..Obwohl das Spieglein an der Wand bei der Wahrheit bleiben wird und Zeit und Schönheit zur Königin nicht zurückkommen werden. Nur Schneewittchen wird eines Tages kommen - die Königin zur Rechenschaft ziehen und den Spiegel zerschmettern.

15.03.2517

Aber da sich Sloterdijk gerne, schon lange geübt bei der einen und anderen Wenigkeit, "inspirieren" lässt, das ist die List der Vernunft, dürfen wir doch hoffen, ja, können wir ganz sicher sein, einen genesianischen Mit-Sound durch seinen Blätter-Wald pfeiffen zu hören...

15.03.2517

Sloterdijk kündigt über seinen verfetteten Hausverlag seine neue Scharteke "Nach Gott" an. Da er eigentlich nicht weiss, wovon er redet, redet er Nietzsche nach. Er hätte besser "Nach Nietzsche" geschrieben - um dann seine Biographie "Nach Sloterdijk" zu nennen.

15.03.2017

Amazon.de hält "Über die Anfänge" jetzt sogar im Lager (Books on Demand sonst eher nicht, nur die gut verkauften).

15.03.2017

E-Book von Teil 2 wird ohne Personenverzeichnis sein - weil keine Seiten(zahlen). (Teil 1 bereits auf dem Markt). Hierzu ist die gedruckte Paperback-Ausgabe im Vorteil.

11.03.2017

Ab nächster Woche (Ende) sollte das E-book von ÜdA vorliegen (Promotionspreiss 9.99, danach 10.99 Euro - Bd. 1).

10.03.2017

Geschenke für die Menschheit.

09.03.2017

"ÜdA" kann, so die Mitteilung des Verlags heute, ab jetzt auch in Australien, Neuseeland und den USA bestellt werden. (Letzteres als besondere Mitteilung an meine/n regelmässige/n USA-Besucher/in

Informationen zum Buch siehe weiter unten - datiert 2017 n.Chr. / neue Einträge datiert 2517 a.A..

Neue Einträge:

IV. Über Kritik

12.03.2517

Mitte 2.0.Politik ist bloss "linker" oder "rechter" Politik überlegen, dafür auch anstrengender, arbeitsaufwändiger, alles in allem: informationskompetenzabhängiger. Die Mitte zu halten und zu steigern scheint den meisten viel schwieriger als in die Exrtreme zu pendeln - das beobachtest du alltäglich beim Journalismus und bei Politikern. Wobei ihre "Extreme" moderate sind. Mitte 2.0. kann extremer, weil mittiger als sie.

11.03.2517

Jedem seine, jeder ihre persönliche weltanschauliche und weltgestalterische Dosis.

11.03.2517

Die, die ihre Köpfe und Hintern nicht bewegen wollen...

11.03.2517

Interessant ist die positive Rezeption, die angeregte anregende. Die kreative Kritik. Langweilig sind die Dünkelpostillen, weniger langweilig die raffinierten Denunzianten, die ganz perfiden.

11.03.2517

Der böse Wille rutscht irgendwann auf dem Eis aus, auf dem er geht, oder das dünne Eis, auf dem er steht, bricht unter ihr, unter ihm, ein. Mit ihm allein ist Kritik nicht tragfähig.

11.03.2517

Zu Nietzsche haben wir alles gesagt - Positives und Negatives. Zu Heidegger auch - da bleibt nicht viel übrig. Zu Hegel und Kant noch nicht.

10.03.2517

Natürlich heisst Gerechtigkeit herstellen, nicht Gleichheit herstellen, Gleichmacherei betreiben, Uniformierung der Frau und Unisexierung des Mannes, vielmehr geht es um einen weiten Begriff von Fairness (Rawls und darüber). In kooperationskapitalistischen Verhältnissen geht es um diesen Begriff von Fairness, von kooperativer Konkurrenz (Koopurrenz) und um Grundsätze, wie Leben und Leben lassen, sich fördern, in dem andere gefördert werden, haben sie ein Problem, und die uns fördern werden, haben wir ein Problem. Der beschränkte Egoismus (politisch: Nationalismus) ist selbstschädigend, ja, selbstgefährdend, sozialevolutiv unrobust und ineffizient - er verfügt nicht über kooperative Selbstbeförderungskalkulationen und hohe Arrangementkultur. Letztlich transformierte es deswegen den europäischen Nationalismus, der durch massiven Schaden ein wenig klüger wurde, in eine gemeineuropäische Kooperation. Langfristige Arrangements bilden, helfen, damit potentielle Hilfe verfestigen, Hilfe ist Selbsthilfe und Geben ist Erhalten, das ist Kooperationskapitalismus.

09.03.2517 ÜdA - Teil 3: Unsere Männschheit. Our huManity and woManity. Wir entdecken durch Redekonstruktion zum ersten Mal den "Menschen", bislang war er durch den Männschen mehrschichtig verdeckt und pseudoentdeckt. Fundamental einseitig für *beide* Geschlechter nannte sich der Mann Mensch und die Frau Männin: uomo/uomo; homme/homme; human/man - der Mensch war der Männsch; Adam/Rippe von Adam - das war die Frau; vollständiger Mann, unvollständiger Mann - das war die Frau; perfekter Männsch, imperfekter Männsch; etc. (vgl. Annemarie Pieper, Luise F. Pusch, Beauvoir). Dabei wurde auch der "Mann" nicht entdeckt, nur einseitig idealisiert, nicht nur die Frau derealisiert und denunziert. Es bestehen also für uns alle neue Chancen, neue Zugänge, "Emanzipation" ist nicht einseitig, nicht eingeschlechtlich. Die Redekonstruktion des Männschen zum Menschen ist eine gemeinsame Kulturschöpfung, Kulturarbeit für die ganze Männschheit.

09.03.2517

Über Metaintersektionalität: Der privilegierte weisse Mann - die diskriminierte schwarze Frau - der "Rosa-Park's-Protest" sozusagen, legten die Basis für den Intersektionalitätsbegriff (Crenshaw; Winkler/Degele (2009)). Dabei wird die Metaintersektionalität übersehen - und negativ wieder der "weisse Mann" zum Ideal und Mass der Emanzipation gemacht (gleich viel verdienen wie der weisse Mann, gleiche Verantwortung wie der weisse Mann, gleich früh sterben wie der weisse Mann, etc.). Offenbar kann das keine Emanzipation grundsätzlicher Art für beide sein, bloss eine möglichst vollständige Adaption der Frau an die für den "weissen Mann" geltenden Rechte und Privilegien. Sie übernimmt noch mehr dessen Welt, um dann zu behaupten, sie habe endlich ganz zu sich gefunden, sie sei endlich "ganz" emanzipiert (beim privilegierten weissen Mann gibts derweil nichts zu ändern, zu emanzipieren). Wer sieht den Fehler. Mehr noch: wer spürt den Fehler!?

09.03.2517 - "Die Vierte Aufklärung" klärt auch die griechische Aufklärung, die Aufklärung der Renaissance und die Aufklärung der "Aufklärung", auf - wir stehen dann vor einem kulturellen Neubeginn wie damals die Griechen, wie damals die Renaissance-Humanisten, zum ersten Mal zusammen mit Frauen und nicht allein als "Männschen".

08.03.2517 Man, mensch, frau kann es mit dem Genderismus auch übertreiben. Die Basis von uns liegt viel mehr in der Gemeinsamkeit als in der Differenz. Also in gemeinsamer Untentdecktheit als in überlieferter Pseudoentdecktheit.

08.03.2517 Aristoteles hatte sich einmal verschrieben und nannte den Mann die imperfekte Frau. Diesen Gedanken hätte er weiterdenken sollen. Stattdessen besann er sich und nannte an einer ganz anderen Stelle die Frau den imperfekten Mann. Denn dieser - sagen wir heute, das stand Aristoteles Gedankkreis fern - *fehlte vor allem* die Herrschaft über das Archiv und die Schrift, unmöglich, unwahrscheinlich, sie als perfekter als der Mann *lange* und *dauerhaft* zu *beschreiben* und zu *archivieren*.

07.03.2517 ÜdA - Teil 3: Der Mensch als ein physistemisches Wesen der Physik dieser Genesis, der Genesis und Physik dieser Welt. Gesellschaft als Genesis und Physik dieser Welt (dieses physistemischen Wesens).

07.03.2517 - Üda Teil 3: Hinsichtlich vieler Gemeinsamkeiten und Differenzen, allgemeinen und unterschiedlichen Betroffenheiten.

07.03.2517 ÜdA - Teil 3: Redekonstruktion der Dekonstruktion.

07.03.2517 ÜdA - Teil 3: Redekonstruktion des Religiösen, Redekonstruktion des Politischen, Redekonstruktion des Philosophischen, Redekonstruktion der Kunst. Redekonstruktion des Buches. Redekonstruktion der Lektüre ("Erkenntnistheorie"/Epistemologie).

07.03.2017 Das E-Book von #ÜdA komme, laut Verlag, 3, .4 Wochen später heraus - die ersten 8 Wochen für nur 8,99 Euro (1) und 6,99 Euro (2).

06.03.2017 : Inhaltliche Korrektur S. 77 (1): Lanz/Senta Berger ... "Thema das Dracula-Films...." - Passage depolemisieren.

06.03.2017 : S. 200 (1) "Musik ist paradiesesk, deswegen.... " Konträr: IS-Videos mit einlullender Musik-,Text- und Bild-Propaganda. Nur "Ungläubigen-Musik" ist des Teufels...den gleichen Ideologieterror, den gleichen Faschismus hatten wir schon einmal mit "entartet/nicht entartet".

06.03.2017: Nachtrag Personenverzeichnis: Fothergill 160 (1)   Theweleit   330, 353 (1)

05.03.2017 - Hinweis Personenverzeichnis: Seiten 1 bis 532 können Band 1 od 2 - betreffen. Wird in Neuauflage verbessert.

Fortsetzung von ÜdA pausiert (05.03.2017), für eine längere Zeit. Letzter Eintrag: 08.03.2517 a.A.: "Das genesianische TV-Programm" - Weitere Informationen, Korrekturen, Nachträge zur Erstauflage von ÜdA siehe darunter.

--

05.03.2517

Das Kunstexperiment Blog zu Buch, Buch zu Blog.

05.03.2517

Das real, praktisch, performativ durchgeführte Philosophieexperiment, Kunst- und Gedankenexperiment.

05.03.2517

Wenn Para-, wenn Peritext radikal zum Text werden, diesen ersetzen, völlig verschwinden lassen. Also wenn nur noch "über" den Text gesprochen wird. Dieses Metareden und -schreiben nannte Genette Peritext.

05.03.2517

Die Neuauflage wird nicht umhin kommen, die Lesegewohnheit vom Kopf auf die Füsse zu stellen. Den Leuten nicht über die Zumutungen der Präsentation, gar des Inhalts, noch zuzumuten, das Buch von hinten nach vorne zu lesen.

05.03.2517

ÜdA lesen. Sofern lesen nicht reicht, heisst ÜdA lesen, ein schwieriges und themenreiches Buch studieren. So dass schnell oder fast unumgänglich, selektiv studieren studieren heisst.

05.03.2517

Die genetische Lektüre hatte Hegel erfunden - das heisst: einen Text genealogisch sich entwickelnd, nicht nur aphoristisch pickend, lesen. Also die Rekonstruktion über die Voraussetzungen zu den Setzungen zu suchen als kontextreicher, nicht nur deduktiver Nachvollzug.

05.03.2517

Der Philosoph war so berühmt geworden, - verdientermassen, er produzierte Kenntnisse, die wir nicht ohne ihn hätten, und das in einer Serie von eindrucksvollen Büchern, die hunderte Dissertationen produzierte, er war, mit anderen Worten, ein Arbeitgeber second order für tausende Akademiker geworden - , dass sie von ihm jeden Küchenzettel, jedes Skizzenblatt, es wird berichtet, sogar das, was er zerriss und in den Papierkorb warf, jeder Jugendaufsatz, jeder Jugendblödsinn, um es deutlich zu sagen, jeder Mist, jedes Missraten, sorgfältig aufbereiteten und mit gleicher Sorgfalt wie sein Hauptwerk in der massgeblichen, in der endgültigen Gesamtausgabe in einer Serie von Ergänzungsbänden publizierten. Dass sogar sein Mist zu Gold gemacht wurde, ein an Wunderallchemie erinnernder Sonderruhm, der nur wenigen Menschen gewährt wird, war vielleicht der eigentliche, der finale Höhepunkt seines Nachruhms.

05.03.2517

Du kannst deinen Ruhm also nicht mit der letzten Skizze *beginnen*. Die wird erst *ganz am Ende* deines ganz ausserordentlichen Ruhms, den vorausgesetzt, deinen Ruhm mehren.

05.03.2517

"Über die Anfänge" enthält gleich, von Papierkorb-Skizze bis Hauptwerk, alles.

05.03.2517

Ein Blog hat sich unter Bücher gemischt. Was machst du hier? Du hast hier nichts zu suchen. Benimm dich wie ein Buch hier, nicht wie ein Blog. Go out there.

05.03.2517

Ein Skizzenbuch, das sich als Buch gibt - und erklärt, dass es an sich noch arbeitet, die nächste Auflage wird besser sein! Weniger skizzenhaft. Das sich von Auflage zu Auflage steigert.

05.03.2517

Ein halb fertiges Buch, das die Lesenden bittet, Sie mögen bitte mit dem Bleistift die Sätze, dort, wo es not täte, lektorieren, dort, wo es noch holpert, geschmeidiger machen. Schreibt einfach den Text mit, macht ihn besser. Es hatte für die Lektorarbeit des Buches einfach nicht mehr gereicht. Ihr kriegt das Buch dafür für den halben Preis. Deal?

05.03.2517

Ein Buch, das durch die Reifeprüfung fällt, dadurch nur der Peritext, der Paratext Thema ist - und zwar radikal nur noch Para- und Peritext.

05.03.2517

Ein Buch mit dem Titel "Über die Anfänge" komplett ohne Anfang und Ende - und sein letzter Eintrag (zugleich "Beginn" als "Buch") lautet "Über die Anfänge von Enden"..... Derrida hätte ÜdA geliebt oder gehasst, beneidet erztief, oder beides. Derrida, viel zu gut erzogen, viel zu schreibbrav konditioniert, hätte es nie geschrieben, vielleicht von ihm geträumt.

05.03.2517

ÜdA erfüllt einen Traum Derridas. Ein Lektüreansatz für DerridaistInnen.

05.03.2517

Ein redekonstruktives Buch über Redekonstruktion des Buches - insofern ein völlig konsistentes.

05.03.2517

Ein Buch umbringen versuchen, in dem ihm jeglicher Inhalt, jeglicher ernst zu nehmende Text abgesprochen wird - in dem dieses Absprechen möglichst ausschliesslich zum Thema wird. Die Öffentlichkeit soweit bringen, dass zu seinem Thema keines seiner Themen wird. Dass das Thema möglichst ein anderes wird. Möglichst das Buch gar nicht zum Thema wird.

05.03.2517

Die Kompetenz des Autors, der Autorin, in Frage stellen - so radikal wie möglich. Zu glauben, dass die Universitätstestatshefte die "Wahrheit" enthalten - wieviele Seminare und Vorlesungen in der Religionswissenschaft besuchte er tatsächlich? Wie ehrlich, wie gut organisiert in ihrer Erinnerung, wie minutiös erinnerungsfähig, milder gesagt, sind Studenten, wenn sie am Schluss des langen Studiums für das Prüfungssekretariat Testatshefte über die besuchten Veranstaltungen in den verflossenen 30 Semestern ausfüllen müssen?

05.03.2517

Was heisst dann noch Buch und Autor, Buch und Autorin "gerecht" werden? Das Buch kann ja missraten sein. Der Autorin bleibt dahingestellt, eine Neuauflage aufzulegen oder ein neues Buch.

05.03.2517

Vielleicht ist das Experiment, so wie es ist, perfekt. Es bleibt kaum etwas zu wünschen übrig. Es eckt an, es nervt, es begeistert. Das ist alles prima. Das ist Leben, Leute.

05.03.2517

Manchmal Infantiltext, dann Abiturtext, Maturtext. Manchmal Skizze, sehr flüchtig, dann intensiv reif, als ob für den Zustand für Jahrzehnte, für Jahrhunderte, für Jahrtausende, gedrexelt.

05.03.2517

"Über die Anfänge" als seriöses Anliegen lesen. Dass kann ein philosophisches sein. Ein religiöses sein. Ein politisches sein. Kann aber auch ein künstlerisches sein, ÜdA als Experimentalkunst lesen. Als Kunstexperiment. Und dieses Experiment in der Präsentation im Internet in einem Tool für Kunstbücher "weiterspielen". Das ist auch Kunst, das gefällt dem Experiment.

06.03.2517

Die buchvernarrten, hauptwerkgläubigen Textologen, Textisten vor allem der 1960er, 1970er Jahre: die Derrida, die Kristeva, die Deleuze, die Barthes, die Lacan (Das Unbewusste ist strukturiert wie ein Text), die vom "Ende des Buches und Anfang des Textes" letztlich wie über etwas redeten, was sie nicht wirklich betrifft. Heute reden wir ganz anders davon, sind wir mittendrin.

06.03.2517

Heute reden wir vom Ende des gutenbergschen Buches und Anfang des virtuellen E-Books. Wahrscheinlich wird sich eine Mitte zwischen Digitaltext und physisches Buch in der Ausbildung, Bildung, Arbeit und Muse ausbilden.

06.03.2517

Digitalisierung, Internet und Handy machen nicht nur ein Buch, sondern Bibliotheken, zum Taschenbuch.

07.03.2517

Die Distanz zwischen Leben und Tod ist schon riesig. Vielleicht ähnlich wie die zwischen Genesis und Genesis Änigma - es mag tröstlich oder untröstlich klingen, sind die Toten, die uns fern geworden, wohl auch nah in unserer Erinnerung geblieben, und die alle auf einem anderen reentrischen Weg in der Genesis in die Genesis sind, sind dabei die Toten ihr näher als wir Lebenden. Dieses Fakt ist in der religiösen Phantasie schon immer aufgeladen, einer ihre Säulen, geworden.

07.03.2517

Diese - wie scheinbar wie tatsächlich? - fremde, andere Genesis Änigma kann in unserer Genesis mit uns zwar akommunizieren, lässt aber offen, was oder wer sie ist. Deswegen sollte es einfach das "Andere" oder "Änigma" genannt werden, ohne abrahamische Gottlehre oder dergleichen vorschnell zu aktivieren. Vielleicht ist sie sehr wenig von unserer Welt - aber was treibt sie zu uns? (statt zu fragen: was treibt uns zu ihr?).

08.03.2517

Das genesianische TV-Programm - keine Horrorfilme aus der Kiste christlicher Dämonen- und Hexenaberglaube - aus Anstand, aus Pietät, weil darüber tatsächlich tausende Menschen, vor allem Frauen, gefoltert und schrecklich zu Tode gebracht wurden - ein merkwürdiges Reentry von einer Horrorzeit auf abrahamisierter Unterhaltungsstufe - in der lateinische Formeln aus dem Testament murmelnde Exorzisten ihr filmisches Unwesen treiben, zusammen mit dem gut-böse-Manichäismus, das ist nur schlechte Ideologie, und wenn es nur schlechte Ideologie ist, wollen wir es nicht. Keine Killer- und Geheimdienst-Filme, die eine Praxis des Rechts ausserhalb des Rechtsstaats, noch übler, im Dienste desselben, "naturalisieren"- James Bond" kriegt im genesianischen TV keine Sendelizenz - wollen wir nicht. Das hat damit zu tun, dass wir Geheimdienste ächten und verbieten, nicht verherrlichen und virtuell befördern wollen, das ist schlechte Ideologie, wollen wir nicht. Dafür wären Filme, in denen Männer und Frauen sich nackt zeigen und machen, sich lieben und Liebe machen, für Genesianen kein Problem. Ausser das gespielte Liebe vor Kameras für sie grotesk, wenn nicht mimetische Verstellung und Falschheit fördernd - eher fördernd als nicht fördernd -, überhaupt Darstellungskunst mit auswändig gelernten Texten und Handlungen für sie langweilig ist (hier sich an Platons Kritik im "Idealstaat" anschliessend). Auch keine verherrlichenden Kriegsfilme historischer Natur und Science-Fiction-Apokalypsen - wo pentagoneske Gewaltphantasien das ewige Kriegen unter oder gegen Menschen perhorreszieren, schlechte Ideologie, wollen wir nicht. Genesianische Medienkompetenz liegt also darin, solche Filme, die in grossen Ideologie- und Kapitalindustrien, produziert werden, "lesen" zu lernen, ablehnen oder annehmen zu lernen. Endlich werden in der genesianischen Kultur auf höherer Stufe keine Filme mehr gedreht - die moderne abrahamische Kultur hinterliess dafür ein riesiges Archiv, das wird genutzt - und die Schauspielerei geniesst keinen besonderen Stellenwert, wird am Ende nicht mehr praktiziert, weil es zum einen Genesianen nicht gerne machen, zum anderen nicht mehr sehen wollen. Sie verlernen nach und nach sich zu verstellen, etwas vorzuspielen, etwas vorzulügen, sie wissen aber immer, und halten sich bewusst, dass es gefährlich ist, diese Fähigkeiten zu haben und dass es gefährlich ist, diese Fähigkeiten nicht zu haben.

09.03.2517

"Über die Anfänge" ist weder ein Machiavelli, noch ein Montaigne des 21. Jahrhunderts. Das Werk befördert die Mitte 2.0.-Denkweise, die über Links und Rechts stehen und, tut es not, freier und weiter gehen kann als sie. Die Rechte will Militär, um sich zu behaupten, die Linke behauptet, keins zu brauchen. Mitte 2.0. braucht Militär, um sich gegen die Behaupter zu behaupten (gegen Erpressung, für asymmetrische und symmetrische Selbstverteidigung im Rahmen äusserst wehrhafter europäischer Neutralität - an die Russland sich anzuschliessen vielleicht eines Tages eingeladen wird - das liegt v.a. an Russland, nicht an uns).

---------------------------------- Informationen zur Erstauflage von ÜdA -------------------------------------

05.03.2017

Anmerkung zu Teil 2 - Teil 2 ist streckenweise eine Art "Skizzen- ein Arbeitsbuch" - in dem die eine und andere wichtige Idee (z.B. Genesis-/Genesis Änigma-Verbindung) angedacht, jener und dieser Weg versucht, verworfen oder stehen gelassen wurde. Der Teil des Blogs ist aber auch in diesem Teil vertreten, der "hinten" abfällt, der irgendwann in Vergessenheit gerät, weil es "vorne" weiter geht, dort die Musik spielt. In der Neuauflage wird auch Teil 2 komplett überarbeitet, viel gestrichen werden, anderes hervorgehoben, intensiver in den Fokus genommen - z.B. Feudalkapitalismus-Geschichte, die Doppel-Spiegelung des Kleinkinds, statt des Lacan-Stadiums das kognitive Infans-Mater-Stadium des Einzelkinds, usw. Das Gute ist, dass diese Erstauflage die Streichungen in der Neuauflage nicht mitmacht (die Korrekturen natürlich auch nicht). Theoretisch kann in der Erstauflage, auch wenn "ersetzt" durch eine verbesserte und erweiterter Neuauflage, weiter geschmökert, verglichen, beurteilt werden.

03.03.2017

Personenregister - Nachträge:

Djait Hichem   827, 828 (Teil 2 = S. 127), (Djait Hischam oder Hichem, geb. 1935, ist ein in Tunesien und Frankreich bekannter Essayist, Hichem ist der Vorname)

Lenin   1216 (Teil 2 = S. 516)

03.03.2017

Hinweis Personenregister im Teil 2 :bei allen Seitenangaben über 700 muss 700 (704 oder 703) abgezogen werden - weil Teil 2 im Buch, Drucksoftware bei 0 beginnt und im Windows- Indexprogramm der ganze Text durchnummeriert wurde. -"Abu Zaid" firmiert im Teil 2 auf Seite 192 - im Personenregister auf Seite 895 (895 - 703 = 192). - Abu Zaid war übrigens der von

Aegypten's Muslimorthodoxie drangsalierte, verfolgte, gedemütigte Islamwissenschaftler, der eine moderne Koran-Lektüre favorisierte (1943-2010).

03.03.2017

Corrigenda: Umschlagstext: könnte (könte); S. 1: Buches (Buchs); S. 17 : nicht (1 x zuviel); S. 31: Husit (Hussit); S. 439: Genesistische (Genesissische)

01.03.2017

Teil 2 mit Register jetzt online. An der Selbstvermarktung arbeite ich noch.... Learning by doing, making mistakes by doing. Das eine und andere wird noch, wie geseagt, gelöscht, Teil 2 ist jetzt in den Online-Katalogen ausgeschrieben, bestelltbar (13,49 Euro - absoluter Minimalpreis, paperback, 532 Seiten, mit Personenverzeichnis).

01.03.2017

Sachregister. Die Neuauflage wird ein Sachregister haben. Sachwörter wie "Synchronizität" kommen häufig vor, wichtige Seiten dazu werden in fetter Druckschrift hervorgehoben - z.B. beim Stichwort: Synchronizität, **S. 593** - weil auf Seite 593 (Teil 1) C.G. Jung s gleichlautender Artikel mit Zitaten daraus mitunter Thema ist.

Personenregister: In der Neuauflage werden ebenfalls wichtige Seiten zu den Personen bzw. ihren Werken und

Taten (Hegel, Luther, Hitler, etc.) mit fetter Druckschrift hervorgehoben

Hinweis: In der ersten Auflage wurden die Sachwörter "Männsch" und "Physisteme" dem Personenregister zugefügt, in der Neuauflage finden sich diese im Sachregister.

28.02.2017

Nachtrag "legendäre" erste Auflage - legendär unperfekte Blog-Version von "Über die Anfänge" (20.02.2017)

Der missratene online-Klappentext von Teil 1 wird verbessert

Teil 2 mit Personenverzeichnis für beide Teile (gleichbedeutend mit 2 Tage 'Arbeit : von "Wie erstelle ich ein Register mit Windows" bis letzte Seite) ist ab ca. 03.03.2017 lieferbar.

Personenregister

Nachtrag

Agamben   1117

Dugin   183, 1216

26.02.2017

Auch Teil 2 von "Über die Anfänge" ist "im Druck". Sollte ab ca. 1 Woche bestellbar sein. Mit Personenregister am Ende des Bandes. (Paperback, 532 S.; E-book)

20.02.2017

Mitteilung an die Lesenden, Kenner und Kennerinnen von "Über die Anfänge" . "Über die Anfänge" erscheint seit dem 20.02.2017 in "roher" Form als Buch (Paperback, 700 S., 16.99 Euro/Kindle 10.99 Euro, bei Books on Demand) - Teil 2 (der hintere, früheste Teil des Blogs) wird demnächst erscheinen, inklusive Personenregister (525 Seiten, 13.99 Euro, E-Book 8.99 Euro) - herausgegeben von einem Freund, Stephan Bernard Marti, unter dem Titel:

"Über die Anfänge - Prolegomena zu einer Philosophie der Genesis." (1225 Seiten, Paperback, 2 Teile) : www.buecher.de

Der günstige Preis kommt daher, dass im Moment auf Redigierung des Textes aus Zeitgründen verzichtet werden musste. Zu einem späteren Zeitpunkt sollte eine völlig überarbeite und erweiterte Version von "Über die Anfänge" erscheinen - sie wird dieser "Blog-Version" viel zu verdanken haben.

10.03.2017

Richtig gelaufen! Mit der etwas übereilten Publizierung von "Über die Anfänge" als Buch ist, erstens, die Abhängigkeit von einem Medium (Internet) und Digital-Anbieter (wordpress) halbiert bis ganz entfernt worden, zweitens, der Text kann nicht mehr durch Fremdeinwirkung digital abgeschalten oder, drittens, gelöscht oder manipuliert werden, auch nicht, viertens, einfach geklaut, ausserdem ist er jetzt, fünftens, zitierfähig - es gibt also fünf gute Gründe, ihn als Buch zu publizieren, nicht bloss als Blog weiter zu schreiben. Es fehlte zwar die Zeit für die Redaktionsarbeit, dafür ist der Text als Buch mit ISBN-Nummer, mit anderen Worten, vor digitalem Eingriff und Plagiat geschützt. Ganz entspannt wird im Blog an einer Neuauflage des Buches gearbeitet (sobald Zeit dafür da ist).

21.04.2517

Das, was mir über Akommunikationen bekannt ist, weisst darauf hin, dass es tatsächlich so etwas wie eine Seele oder einen "Draht" zum "Jenseits" bzw. ein "Jenseits" mit Draht zu uns, gibt, verstehen wir darunter etwas, was über unsere Träume, Räume und Zeitlichkeit, aber auch das im Alltag Ereignende, hinausgeht und eingeht, sofern wir diese nach dem "Gewohnten" denken, oder unser Hiersein, unsere Zeiräumlichkeit, von ausserhalb von "normaler" Zeit stehendem Zeiträumlichen, Vorausgeschehendem und Voraussehendem berührt, tangiert wird, werden kann - dass es eine änigmatische Dimension oder Genesis Änigma in unserer Genesis gibt, die mit Menschen akommunizieren kann. Doch, was hat es zu bedeuten? Es ist soviel und nichts davon deutbar - weil die Akommunikationen lieferten weder eine

Deutungsanweisung - ausser der direkten Anrede oder
Erinnerung an einen Begriff aus einem Zeitraum, der
noch nicht gegenwärtig ist, aber werden, reentrisch
einfallen wird - noch liess das Auslösende der
Synchronizität, die dem 13 und 18 Jährigen widerfuhr,
noch das die visuell-skriptive Akommunikation
Veranlassende, Komponierende, Inszenierende, das dem
9 Jährigen widerfuhr, eine Visitenkarte zurück.
Deswegehen heisst sie auch "Akommunikation", ihre
Kommunikation ist merkwürdig "einkanalig". Man kann
dahin tendieren, dass Andere eine plötzlich
hereinbrechende Göttlichkeit zu nennen, etwas ganz
Anderes als wir sind, als wir es kennen, tendiere dahin, es
eine Wesentlichkeit zu nennen. Es kann kommunikativ
mit Lebewesen, aber es ist nicht Lebewesen, es ist
Wesen, extrem fern, extrem anders, wahrscheinlich für
uns unvorstellbar, trotz Hollywood-Drehbüchern vom
Fantastischsten.... Und das führt zum Gedanken zurück,
dass so etwas wie Seele oder intergenesianische
Relation/Tangente ist - in uns ist, mit uns assoziiert ist,
mit uns affizierbar, mit uns tangibel ist, aber auch etwas,
was dem Wesen fehlt. Wir besitzen mindestens eine
Tangibilität für die änigmatische Dimension unserer
Genesis oder der Genesis Änigma. Die Differenz, dort ist
das Perfekte, Absolute, hier sind wir die Unperfekten, die
Relativen, funktioniert nicht. Es ist völlig anders. Warum
solle ich dann "Philosoph" sein oder "Philosoph" lesen
(statt "Mönch" oder irgendein anders Wort? oder,
Angehöriger von dieser oder jener Religion?) - zu einem
Zeitpunkt schon, wo ich das Wort "Philosoph" kaum
verstehe - , und Obligation - bedeutet Wertpapier, aber
auch Verpflichtung, Verantwortung- tippen, ausfüllen,
erfüllen? mit mir, mit uns tragen? Wenn alles auf der

Welt nur gut wäre, dass es den Bach runtergeht? So weiss ich zwar etwas mehr als andere, aber, wie sie, nicht, was. Ungefähr so, wie wenn jemand ein echtes Ufo sah, ohne Zeugen, ohne eine ganze Gruppe anderer Menschen, dann aber seine Mühe haben wird, eben diese Mitmenschen davon zu überzeugen bzw. Gefahr läuft, sie nicht zu überzeugen, am allerletzten den Psychiater.

21.04.2517

Ein Mensch mit genesianischer Überzeugung, mehr noch, Akommunikation, weiss, denkt, empfindet und handelt ganz anders als der Griesgram. Für Hundertausende von Jahren.

21.04.2517

Der Griesgram, der zu sich spricht: ich mag mein Alter nicht, ich mag die Zukunft nicht. Sie ist mir kein Versprechen mehr, nur noch ein Schreckensmeer. Und wenn ich zurückblicke, fliessen meine Augen über verflossene Zeiten über. Ich mag auch das nicht. So bliebt mir die möglichst grosse, dauerhafte Selbstvergessenheit in der Gegenwart allein.

21.04.2517

Besser schaffen und voranbringen, was bei Botho Strauss nur noch nach hinten losgeht. Er hätte sich auf seine lichten Theaterstücke konzentrieren sollen, statt in Aphorismen zu verdämmern, seine Variante von einer eitel kränkbaren Königin vor dem Spieglein, Spieglein (Ach, ich altere, ach, der Spiegel raubt mit die Zeit und die Schönheit!) im uckermarkschen Dämmerlicht abzusitzen. Der Blick in die Zukunft wird abgewendet, weil dort Schneewittchen steht?

20.04.2517

Permingation und emanzipatives I. Eine Einsicht in, nicht nur eine These über das jahrhundertelange von Herren der Schrift und des Achivs, betriebene Kommunikationswesen ist, dass wir Publizisten und Publizistinnen nicht nur Texte machen, sondern Reviere, Textreviere, schaffen. Jeder Revierschaffer, jeder Revierherr erkennt oder erkennt nicht, wenn er zitiert (zitativ frequentiert) oder permingiert (permingativ frequentiert) wird. Im Schweisse des eigenen Angesichts mit eigenen Händen im eigenen Tastenrevier ist dieses Revier, dieses Textrevier geschaffen worden, Grenze und Reviermarke, charakteristische Duftmarke, Zuordnung des Autornamens, des Revierherren, der Revierherrin, inklusive, daher mag niemand, wird sein Revier einfach missachtet, noch weniger verächtlich übergangen, und am allerwenigsten, wie von einem Kater für dessen Revier überpisst (lat. permingere) und angeeignet, also: permingiert. Niemand schätzt, wird das eigene Textrevier durch ein anderes Textrevier, das sich permingativ vergrössern und verstärken will, überpisst und weggepisst. Ohne Gegenlohn, ohne Gebühr, ohne gebührenden Respekt ‚ohne den Eintrittspreis dafür zu zahlen. Permingation ist verächtliche, billige, geringschätzige, negative Anerkennung und Überaneignung gegen die sich der Permingierte - im "Idealfall" für den Permingierer - nicht zur Wehr setzen kann - mit dem Risiko, da Permingation immer eine Spur

der überspurten Spur hinterlässt, eines Tages erkannt und
gegenpermingiert zu werden. Ahnungslose, darunter
kann der Permingierte sein, fühlen sich nun etwas
angepisst, nicht ganz so, aber ähnlich, wie der
Permingierte. Menschen perminigieren andere, vor allem
unterlegene, ebenbürtige, weil sanktionsfähig, werden
mit gebührendem Respekt behandelt, doch keiner will
von anderen permingiert werden. Permingation ist ein
Audruck von sekundärer Macht - die primäre ist
Pionierenergie -, Permingiertwerden von Machtlosigkeit,
jedoch mit der Chance der Revanche, der Sanktions- der
Gegenpermingation. Permingation ist vermutlich von
ähnlich grosser Bedeutung für die Kulturevolution der
Menschheit wie die positive Anerkennung, die
respektvolle Übernahme von Leistung und Innovation
anderer. Permingiert wurden jahrhundertlang von den
Herren der Schrift und des Archivs, von den Männschen,
die Mütter, die Frauen, die Schwestern, die Töchter, die
Partnerinnen, in dem sie einfach übergangen, verbal
vereinnahmt wurden, klassisch zum Ausdruck gebracht in
"homo", "homme". Der emanzipative Widerstand gegen
die vermännschlichte Sprache, angefangen mit dem von
der AfD für lächerlich gehaltenen "I" im Wort
KundInnen, PartnerInnen, PolitikerInnen, ist ein
Widerstand gegen eine traditionell gewordene
Permingation (hier: unwidersprochene Übergehung,
mangelhafte Fehlbezeichnung definitorische
Fremdaneignung). Es ist keine Verhunzung der Sprache,
der männlich verhunzten Sprache, sondern eine echte,
angemessene Legalisierung, Humanisierung,
Neutralisierung, es ist das Reentry von Frauen, das diese
kleine Änderung im Schriftbild, in jedem Textrevier,

anzeigt. Zumal entschieden auf dem Weg dorthin, den Weg dorthin öffnend.

SONSTIGES (eventuell)

09.05.2517

Genesis und Genesis Änigma sind hybrentitär verbunden und beschaffen, zählt zur hybrentitären Beschaffenheit unserer Genesis, zu ihrer Genesizität ihre Allverbundenheit/Grenzen/Differenz zur Allkonnektvität - allkonnektiv zu einer Differenz war bei Hegel zu der zu Sein und Nichts/ - die Seinnichtsheit ihrer Alldifferenz - was heisst: genesizitäre Differenz ist transspatial// transtemporal/ es besteht keine Allkonnektivtät zwischen ihrer und unserer/ Differenz die Allverbindung unterbindet/schneidet/kappt///- die Andere Genesis, wäre zu untersuchen, was das heisst (zum Beispiel wie sind wir mit "Steinen" all- oder teilverbunden, wie sie mit uns, etc.).

22.04.2517

Hister, Hilter und Hitler. Im alten Druckbild sind "s" und "l" zum Verwechseln ähnlich. Es wäre zu überprüfen, ob der Drucker nicht statt "Hilter", irrtümlicherweise "Hister" setzte, ob es Originalschriften gibt ("Hiltèeer" - wäre das französischere, das eingängigere "Hitlèeer"). Aber auch "Hister" - "Histèr" ausgesprochen - ist, eingedenk der Echoverzerrung, unheimlich angenähert, unheimlich unfranzösisch. Wir wissen nicht, ob

Nostradamus eine akustische oder visuelle Erfahrung von "Histèr/Hiltèr" machte - hat er es gehört oder gelesen?. Wie kann "man" sich nur mit Nostradamus beschäftigen. Dazu fehlt mir die Zeit. Doch: Ohne eigene parasynchrone Erfahrung hätte ich Nostradamus icher keiner Bemerkung gewürdigt und in die Kategorie Mumpitz, abgelegt. Möglich ist es, ein Übermass an parasynchroner Erfahrung, an Fähigkeit für Zukunftsgeruch - ähnlich wie ein Hund, der 100 000 x mal mehr riecht als ein Mensch - vermischt mit reinen Träumen und Dichtungen. Womöglich hatte er einen Riecher für die Zukunft, für das Eintreten von anderer Zeit in der Zeit, und die Zukunft für ihn ein besonderes Deentry, er öffnete sich in seiner Zeit und wusste, alles fliesst durch Leben und Tod, durch Tod und Leben, die Erklärung der änigmatischen Dimension ist nicht möglich. Nie versiegt die Anerkennung von ihr, immer unser Verstehen von ihr.

///

Wir anerkennen das Geheimnis und begehren, es zu enthüllen, uns zu enthüllen um seine Dimension, die uns fremd ist und fremdbestimmt. Wir haben Augen um nicht im Dunkeln zu tappen und machen Licht, um im Dunkeln zu sehen. Es geht nur darum, nicht in Fallen zu fallen, Gefahren zu sehen, Übergriffe zu meiden oder abzuwehren, und zu sehen, wohin der Tritt und der Weg gehen. Es ist die Achtungs- und Orientierungsdimension der Fürsorge und Selbstfürsorge und der Vorsorge und Vorsicht, in der wir sehen und gehen - die uns, eltergelenkt, sehend und gehend gemacht hat -, und die sich teilweise "eingeboren", automatisiert, unbewusst gemacht, hat dazu zählt die Wahrung und Organisation des dynamischen Gleichgewichts der Gehenden und Stehenden, so dass kein Sturz erfolgt.

Die Schmerzbahnen sind die physistemischen Leitplanken, die nicht zu tangieren, ich zu beachten habe, oder "Es" beachtet, auf meinem Weg.

28.04.2517

Auge und Auge, Hyänenzahn um Löwenzahn. Beobachtet wurde, dass ein Löwe eine Hyänen-Führerin aus der benachbarten Hyänen-Horde tötete und einfach liegen liess - dabei spielte wahrscheinlich ein Vergeltungs-Motiv, kein Fress-Motiv, eine Rolle - Auge um Auge, Löwenzahn um Hyänenzahn (Kolportiert wurde das tierische Vergeltungs-Prinzip vom Abrahamismus. Auch im Christentum im Kampf zwischen Alt-und Neujudentum kam es zur Geltung, inmitten einer Ideologie der christlichen Nächstenliebe, die das Vergeltungsprinzip überwunden zu haben vorgab, blieben Juden und ihr nächster Verwandte: der Satan, dem christlichen Fernstenhass sicher, hier wirkte das Auge um Auge, Zahn um Zahn-Prinzip gesund und munter weiter) -, zurück zu Hyäne und Löwe, ja, es gab Grund zur Vergeltung: während seiner und seines Bruders Abwesenheit wurden Löwinnen und Junge von dieser Hyänen-Truppe nächtlich attackiert -, ausserdem verrät es soziale Intelligenz, der Löwe - traumatisiert durch Hyänen? er tötet auffällig oft Hyänen, war auch schlanker und schneller als sein Bruder und schien gewusst, schien erkannt zu haben, wer der Chef im Hyänen-Rudel war, - rannte an den anderen Hyänen vorbei, um sie zur Strecke zu bringen. Wahrscheinlich hatten Löwen irgendwann den Versuch aufgegeben, Hyänen auszurotten - dafür waren die zu gut organisiert und verteidigungsfähig, war das Nischengefälle zwischen ihnen zu klein, die Augenhöhe fast dieselbe, irgendwann stabilisierten sich diese Konkurrenten, differenzierte sich aber auch ihr Kontakt aus: der Löwe jagte die Hyäne nicht mehr explizit und einzeln, geschilderter Vorfall war die Ausnahme (vielleicht schmeckt ihr Fleisch auch nicht, doch auch was "schmeckt" ist evolutiv adaptiert), und die Hyäne wurde nur in der Gruppe sein Konkurrent. Wir haben es hier mit 10 000 jähriger Erzkonkurrenz und ständiger Reiberei zu tun, da lernt Tier sich kennen. Tier wird sich regelrecht vertraut mit seinem artfremden Erzkonkurrenten im Bereich des Futters. Im Bereich der Rudelherrschaft war und blieb der fremde Artgenosse, Männchen, die an die beherrschten Weibchen ran wollten, der Erzkonkurrent. Diese Erzkonkurrenz, die, nicht zuletzt, dem Prozess von Jung zu Alt und von Alt zu "Zu alt", dem stabilen Kräfteerhalt im Prozess der Entropie, Folge leistet, belebt und erhält den produktiven Genaustausch und das Überleben der Spezies. Konfortabel ist es, stabilisiert sie sich durch autopoietische Reentrizität im Mittelbereich der Gausskurve, also dort, wo wir uns alle, mehr oder weniger, bewegen.

21.04.2517

Kommentar im FOCUS über den "Sekten-Prozess".....
"Wenn ein deutscher Grosssatiriker einen türkischen Präsidenten Ziegenficker nennen darf, darf ein deutscher

Kleinblogger einen christlichen Kardinal auch Grossektierer nennen...".

21.04.2517

Der Prozess der beleidigten Kirche. Einen "Kardinal" einen Vertreter einer abrahamischen Grosssekte nennen und sich wundern, warum er in der Öffentlichkeit immer noch viel Aufmerksamkeit geniesst. Denn im Grunde agiert hier ein Ideologe auf ideologisch fragwürdiger Basis - um nicht zu sagen, ein Grosssektierer. Dieser geht beleidigt vor Gericht. Vor diesem steht das ganze Christentum, wird plötzlich über sein Sekten- oder Nichtsekten-Charakter debattiert. Bekanntlich gibt es reichlich Literatur über das Christentum mit dem Titel "Von der Sekte zur Weltreligion" und das Interview 2014 im Spiegel, wo Christ Spaehmann die Möglichkeit nicht ausschliesst,

dass sich das Christentum wieder zur Sekte zurückentwickle. Es war einmal eine neujüdische Sekte gleicht der Geschichte: es war einmal ein Raubritter, ziemlich die unedelste Variante, der später, ach, so edel wurde, dass er nicht mehr an seine "Wurzeln" erinnert werden möchte. Das Gericht muss sich über zwei, drei Definitionen von "Sekten/sektiererischem Glauben" Klarheit verschaffen, ebenso über die religionswissenschaftlichen Grundlagen, die von der Bibel viel als fragwürdig nachweisen. Religiöse Gemeinden, die das igorieren, geraten allein dadurch in eine Schieflage, in Sektennähe. Das Gericht stellt sich auch die Frage: Warum und wie eine Grosssekte es schafft, kleinere, nicht etablierte als "Sekten" zu diffamieren und sich durch Etablierung gegen Diffamierung weitgehend zu immunisieren. Wie am Ende das Gericht, - weil Christen in ihm sitzen, gilt es als "befangen" -, den Grosssekten-Kritikern den Mund verbietet, unter Androhung einer Strafe. Wird nicht dem Befangenheitsantrag der Verteidigung stattgegeben und das Gericht für diesen Beleidigungs-Prozess Säkulare, Agnostiker und eine Buddhistin - d.h. keine Vertreter eines abrahamischen Glaubenskreises - als Richter abbestellen. Das Urteil: Das Gerichtsurteil spricht den Angeklagten frei, es ist ihm weiterhin erlaubt, einen Kardinal einen Vertreter einer abrahamischen Grosssekte zu nennen, auch darf er seiner Verwunderung, dass dieser viel zu viel Aufmerksamkeit geniesst in der Öffentlichkeit, Ausdruck verleihen - und es weiterhin nicht gutheissen.

Herstellung und Verlag:
BoD - Books on Demand, Norderstedt
ISBN 978-3-7431-9676-6